JN102255

ブックレット
英語学概説

西原 哲雄・中村 浩一郎
松沢 絵里・早瀬 尚子

［著］

BOOKLET

A Survey of English Linguistics

開拓社

ま え が き

　本書は,「ブックレット概説シリーズ」の一巻として刊行されたものである。基本的には, 本シリーズは英文科, 英米語学科, 英語教育学科, 国際学部などの学部や学科において英語学や言語学を専門科目として履修する学生諸君を対象とした英語学・言語学の全体, 及び特定の分野や関連する複数の分野に焦点を当てた概説書兼入門書である。

　本シリーズは, 基本的には半期での使用を想定しており, サイズはコンパクトで, ページ数も最小限にとどめてはいるが, 英語学に関わる, 基本的な概念からそれぞれの用語を説明しながらも, 最新の研究成果を盛り込むようにも努力した。本書で取り扱う分野は, 英語学全体であり, 英語学における基本的な5つの分野（統語論, 音声学・音韻論, 形態論, 意味論, 語用論）を取り上げることとした。

　本書は, 基本的には第1章から読み始めていただくことをお勧めするが, それぞれの章から読み始めていただいても, 十分にその内容を理解できるように工夫をしたつもりである。

　各章では, 各分野の専門分野の研究者の方々に執筆をしていただき, 専門分野の内容は, 初級レベルの読者から中級及び上級レベルの読者にいたる方々にも十分に満足していただけるような構成となるように努めた。

　最後に, 本シリーズの刊行に快諾をしていただき, 常にサポートをしていただいた開拓社の川田賢氏に心から感謝し, ここに記して, 特に御礼を申し上げたい。

　2023年　晩夏　　　　　　　　　　　　執筆者代表　西原哲雄

目　　次

まえがき　　*iii*

第1章　統語論 ……………………………………………………… *1*

1.　統語論とは何か：文の適格性に対する話者の直観　　*1*
2.　英語の5文型から生成文法理論へ：主要部による補部認可　　*2*
3.　X′理論（エックスバー理論）　　*5*
　3.1.　主要部による補部の認可　　*5*
4.　移動分析　　*15*
5.　局所性　　*23*
　5.1.　移動の局所性　　*23*
　5.2.　否定対極表現の認可　　*25*
　5.3.　束縛理論　　*26*
6.　まとめ　　*28*

第2章　音声学・音韻論 …………………………………………… *30*

0.　はじめに　　*30*
1.　音声学 (Phonetics)　　*30*
　1.1.　調音音声学　　*31*
　　1.1.1.　発声器官　　*32*
　　1.1.2.　呼吸　　*34*
　　1.1.3.　声帯と発声方法　　*35*
　1.2.　音声記号と言語音の記述　　*36*
　　1.2.1.　母音 (Vowels)　　*37*
　　1.2.2.　子音 (Consonants)　　*41*
　1.3.　連続した音の変化　　*45*

　　1.4.　アクセントとリズム，イントネーション　　　　*46*
　　1.5.　音響音声学　　　　*47*
　　1.6.　聴音音声学　　　　*49*
　2.　音韻論 (Phonology)　　　　*50*
　　2.1.　ソシュール　　　　*50*
　　　2.1.1.　ソシュール以前　　　　*50*
　　　2.1.2.　ソシュール　　　　*51*
　　2.2.　ソシュール以降　　　　*52*
　　　2.2.1.　ブラーク（プラハ）学派　　　　*52*
　　　2.2.2.　ロンドン学派　　　　*53*
　　　2.2.3.　アメリカ構造言語学　　　　*54*
　　2.3.　チョムスキー (Noam Chomsky, 1928-)　　　　*55*
　　　2.3.1.　チョムスキー　　　　*55*
　　　2.3.2.　*The Sound Pattern of English*, SPE　　　　*56*
　　　2.3.3.　最適性理論 (Optimality Theory)　　　　*57*
　　2.4.　社会言語学　　　　*58*
　　　2.4.1.　ウイリアム・ラボフ (William Labov, 1927-)　　　　*58*
　　　2.4.2.　ユーリエル・ヴァインライヒ (Uriel Weinreich, 1926-67)　　　　*58*
　3.　おわりに　　　　*58*

第3章　形態論 ……………………………………………… *60*

　1.　形態論とは何か　　　　*60*
　2.　形態論の基本概念　　　　*62*
　3.　第 I 類接辞と第 II 類接辞　　　　*64*
　4.　語彙音韻論の枠組み　　　　*71*
　5.　語彙層の数について　　　　*74*
　6.　順序付けのパラドックス　　　　*78*
　7.　英語のリズムルールと音律範疇の形成　　　　*82*
　8.　英語の口蓋化と音律範疇の形成　　　　*84*
　9.　音韻語形成の役割　　　　*88*
　10.　生成音韻論と語形成過程　　　　*90*

11. 連濁と形態構造　　　　　　　　　　　　　　　*93*

第4章　意味論 ……………………………………………………… *98*
1. 言語表現間の意味関係　　　　　　　　　　　　*99*
　1.1.　同義　　　　　　　　　　　　　　　　　　*99*
　1.2.　反義　　　　　　　　　　　　　　　　　　*100*
　1.3.　意味の上下関係　　　　　　　　　　　　　*102*
　1.4.　含意　　　　　　　　　　　　　　　　　　*103*
　1.5.　文脈との関係　　　　　　　　　　　　　　*105*
2. 言語表現内部の意味関係　　　　　　　　　　　*106*
　2.1.　意味のカテゴリーとプロトタイプ　　　　　*106*
　2.2.　単義か多義か　　　　　　　　　　　　　　*108*
　2.3.　言語表現の意味とその拡張　　　　　　　　*109*
　　2.3.1.　メタファー　　　　　　　　　　　　　*109*
　　2.3.2.　メトニミー　　　　　　　　　　　　　*110*
　　2.3.3.　シネクドキ　　　　　　　　　　　　　*113*
　　2.3.4.　主観化・主体化　　　　　　　　　　　*114*
3. 語の意味と背景知識　　　　　　　　　　　　　*116*
　3.1.　百科事典的知識　　　　　　　　　　　　　*116*
　3.2.　フレーム　　　　　　　　　　　　　　　　*117*
　3.3.　語の意味とフレーム　　　　　　　　　　　*118*
4. 異なる言語における言語化パターンの違い　　　*121*
　4.1.　「する」と「なる」　　　　　　　　　　　　*121*
　4.2.　内の視点と外の視点　　　　　　　　　　　*122*
　4.3.　衛星枠づけ言語と動詞枠づけ言語　　　　　*123*
5. おわりに　　　　　　　　　　　　　　　　　　*125*

第5章　語用論 …………………………………………………… *126*
1. 直示表現　　　　　　　　　　　　　　　　　　*127*
　1.1.　人称ダイクシス　　　　　　　　　　　　　*127*
　1.2.　役割語　　　　　　　　　　　　　　　　　*128*

   1.3. 空間ダイクシス   *129*

   1.4. 時間ダイクシス   *131*

  2. 情報構造   *132*

   2.1. 情報の新旧   *132*

   2.2. 結束性，首尾一貫性   *133*

   2.3. 情報パッケージ構文   *134*

  3. 発話行為   *136*

   3.1. 発話行為文   *136*

   3.2. 間接発話行為と適切性条件   *137*

  4. 推論の語用論   *138*

   4.1. 協調の原理   *138*

   4.2. 会話の格率   *139*

  5. 関連性理論   *143*

   5.1. 関連性の原則と推意計算   *144*

   5.2. 発話の記述的使用と帰属的使用   *145*

   5.3. 手続き的意味   *146*

  6. 社会語用論   *148*

   6.1. 伝達内容と主体と配慮   *148*

   6.2. ポライトネス   *149*

  7. まとめ   *151*

推薦図書 ……………………………………………… *153*

参考文献 ……………………………………………… *157*

索　　引 ……………………………………………… *166*

著者紹介 ……………………………………………… *170*

第 1 章　統語論

1.　統語論とは何か：文の適格性に対する話者の直観

次の日本文と英文を分析することから議論を始めよう。

(1) a.　僕はミュンヘン経由でアテネまで行った。
    b.　*僕までミュンヘン経由までアテネは行った。
(2) a.　We discussed what we should do to make things better.
    b.　*We argued what we should do to make things better.

(1a, b) を比較すると，主語・主題を助詞「は」が示し，経由地ミュンヘンを助詞「で」が示し，到着点アテネを助詞「まで」が示す (1a) が容認される文であることが判断できる。さらに，英語の動詞 discuss が wh 節を目的語補部として取ることから，(2a) は容認される。一方，動詞 argue は wh 節を目的語補部として取れないことから，(2b) は容認されない。このように，初めて見る文であってもその容認度を判断できる直観が言語話者には備わっている。この的確な文を無限に作り出すことができる人間の能力を解明することが，アメリカ人言語学者ノーム・チョム

スキー（Noam Chomsky）によって提唱され，現在も発展を続ける生成文法（Generative Grammar）の最大の目標である。その生成文法理論の中核をなす統語論（Syntax）の中核的な考え方や分析方法を本章で概説する。

2. 英語の5文型から生成文法理論へ：主要部による補部認可

まず，英語の5文型の例を以下に示す。

(3) a. Time flies. : 1文型 = SV

    b. He got angry at her rude remarks. : 2文型 = SVC

    c. He plays baseball after school. : 3文型 = SVO

    d. He gave his mother a wonderful bouquet. : 4文型 = SVOO

    e. His heartwarming words made her happy. : 5文型 = SVOC

以上の例文から分かることは，主語になれるものは名詞あるいは名詞相当語句であり，目的語あるいは補語になれるものは名詞・名詞相当語句あるいは形容詞ということである。この5文型で文を分析することに対して，以下のような文が反例となる。

(4) a. A: Where's mom?　　B: She's upstairs.

    b. He put his laptop on the desk next to the whiteboard.

    c. He is afraid of height.

(4aB) では upstairs は副詞であり，定義上補語とはみなされない。さらに，(4b) は5文型では SVO と分類され，on the desk 以下は修飾句（modifier）あるいは付加詞（adjunct）と分類され

る。しかし，on the desk 以下は laptop を置いた場所であり，この句がなければ文は完成しない。さらに，(4c) は 5 文型では SVC と分析されるが，of height は何を恐れているのかを明示しており，afraid と共に必須の要素である。[1] さらに，中村・西原 (2023) でも見たように，前置詞句あるいは副詞句の必須要素を付加詞とみなし，SVA, SOVA, SVCA という 3 種類の文型を加え，8 文型とする安藤 (1983, 2008) のような考え方もある。この文型に基づくと，(4aB) は SVA，(4b) は SVOA，(4c) は SVCA として分析することができる。しかし，厳密に言うと，例えば (4c) では be 動詞が afraid を補部として取り，さらに afraid が of を中心とする前置詞句を補部として取る階層構造をなしている。この構造は次節で取りあげる。

　次に，中村・西原 (2023) で取りあげた，動詞に続く to 不定詞が動詞の種類により O とも C とも分析しうる例を挙げる。

(5) a.　I want to be a diplomat after I graduate from college.

　　b.　We got to know each other in this way.

通常，動詞 want に続く to 不定詞は O とみなす。一方で動詞 get に続く to 不定詞は C とみなす。形式上は同じ to 不定詞であるが，ある動詞にとっては O，また別の動詞にとっては C と分析することは統一性を欠くと言える。このような問題点を解決するために，生成文法の分析である補部 (complement) という概念を導入する。つまり，主要部が必要とする要素は名詞句，形容詞句あるいは前置詞句などの品詞にかかわらず，主要部が認可 (license) する補部とみなすのである。この概念を導入すること

---

[1] 詳しい分析は中村・西原 (2023) を参照されたい。

により，5文型では扱えなかった修飾部あるいは付加詞という概念を，目的語あるいは補語と同等に扱うことができる。次の例を見てみよう。

(6) a. He put <u>his laptop</u> <u>on the desk next to the white-board.</u> (＝(4b))

b. The boss informed <u><u>us</u></u> <u>of the decision of the committee.</u>

c. Thanks for reminding <u><u>me</u></u> <u>of the meeting tomorrow.</u>

(6a-c) において，二重下線の要素は目的語，一重下線の要素は修飾部あるいは付加詞と分析されていた。しかし，本章の分析ではこれらをすべて動詞が認可する補部として統一的に捉えることができるのである。

　ここまでは動詞について分析してきた。しかし，補部を取るのは動詞だけではない。名詞も同様に補部を取る。

(7) a. a student <u>of physics</u> <u>with long hair</u>

b. *a student <u>with long hair</u> <u>of physics</u>

(Radford (1981:98))

(7a, b) ともに名詞 student に2つの前置詞のまとまりが続いている。しかし，(7a) が容認されるのに対して (7b) は容認されない。このことは student に対して of physics の方がより結びつきが強いのに対して，with long hair は student との結びつきが弱いことを示している。さらに，不定冠詞 a がつき，(7a) 全体が名詞のまとまりをなしている。このようなまとまりが階層構造 (hierarchical structure) をなしていることを次節で示していく。

3.　X′ 理論 (エックスバー理論)

　X′ 理論とは Chomsky (1970) を発端とし Jackendoff (1977) が発展させた，文の構造に関するどの言語にも当てはまる一般法則を規定する理論である。前節の最後で挙げた主要部による補部の認可を出発点として，補部と付加部との区別，指定部の役割について順を追って述べていく。

3.1.　主要部による補部の認可

　まず，主要部 (head) による補部 (complement) の認可について考察していく。以下の例を見てみよう。

- (8) a.　build a house
  - b.　*build for a house
- (9) a.　look at the tall tower
  - b.　*look the tall tower

(8a) (9a) は正しい英語表現であるのに対し，(8b) (9b) は正しくない。この事実は，[1] 動詞 build はその補部として Noun Phrase (名詞句，以下 NP) を取る。そして [2] 動詞 look はその補部として前置詞 at を中心とする Prepositional Phrase (前置詞句，以下 PP) を取ることを意味する。このとき，主要部 (build / look) は補部 (a house / at the tall tower) を認可 (license) するという。次に名詞のまとまりについて考察してみよう。

- (10) a.　a professor of linguistics from Geneva
  - b.　*a professor from Geneva of linguistics
- (11) a.　an investigation into the issue with grad students
  - b.　*an investigation with grad students into the issue

(10a) (11a) が正しい英語表現であることは，名詞 professor が前置詞 of を中心とする PP を補部として取ることと，名詞 investigation が前置詞 into を中心とする PP を補部として取ることを明示する。さらに，PP from Geneva / with grad students は PP of linguistics / into the issue よりも主要部との結びつきが弱い要素であることも示す。次に，形容詞のまとまりについて見てみる。

(12) a.　be absorbed in linguistics for a sound reason
　　　 b.　*be absorbed for a sound reason in linguistics
(13) a.　be aware of the effects of my actions from yesterday
　　　 b.　*be aware from yesterday of the effects of my actions

(12a) (13a) が容認される英語表現であることは，形容詞 absorbed が前置詞 in を中心とするまとまりを補部として取ることと，形容詞 aware が前置詞 of を中心とするまとまりを補部として取ることを示す。さらに，absorbed にとっての for a sound reason，aware にとっての from yesterday は補部ではなく，情報を付け加える要素であることが分かる。このように，まとまりの中心となる要素である主要部が補部と結びついて 1 つのまとまりをなす。さらに，情報を付け加える要素も加わることがある。では，情報を付け加える要素とはどのようなものなのだろうか。

(14) a.　a teacher of Spanish with a good reputation
　　　 b.　a professor of physics with two wonderful daughters

(14a) における PP with a good reputation，(14b) における PP with two wonderful daughters は主要部＋補部の teacher of Spanish と professor of physics に関する追加情報を与えている。

すなわち，これらの要素が欠けていても teacher of Spanish, professor of physics というまとまりは意味をなす。この点において，付加部は主要部に対する必須の要素ではない。このことが主要部と補部との結びつきと比較して，主要部と付加部との結びつきが弱いと言うことができる理由である。

　次に，(14a, b) における不定冠詞はどのような役割を果たしているのだろうか。この不定冠詞があることで，主要部＋補部あるいはそれに付加部を加えたまとまりの数，あるいは定・不定が指定される。These teachers of Spanish あるいは the professor of physics というまとまりでも，these, the が同様の働きをする。このような機能を動詞のまとまりについて考えると，どのような要素が考えられるだろうか。

(15)　a.　eagerly look for the book for writing a paper

　　　b.　honestly talk about the incident at the classroom

(15a, b) における副詞 earnestly と honestly は動詞 look, talk が示す動作の行われ方を規定している。本の探し方が「真面目」であり，事件についての話し方が「正直」である。副詞まで到達して，動詞を中心とするまとまりが完成すると考えられる。次に，PP について考察してみる。

(16)　a.　just behind the table

　　　b.　right across from the library

(16a) における just と (16b) における right は前置詞 behind と across で示される状況を制限あるいは規定している。テーブルの「すぐ」後ろ，図書館の「ちょうど」向かい側という意味を示す。このように，状態を規定したり制限したりする要素が生じる位置を指定部（Specifier, Spec）と呼ぶ。ここまでのべてきたこ

8

とをまとめて，以下に図示する。

（17）

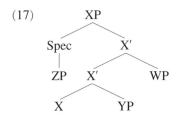

    X = Head（主要部）：X = V, N, Adj, P, Adv
    X′ = 中間投射
    XP = Maximal Projection（最大投射）
    YP = Complement（補部）
    ZP = Specifier（指定部）
    WP = Adjunct（付加部）

つまり，すべての句は，まず主要部 X と補部 YP が結びついて X′ を形成する。X′ はエックスバーと呼び，主要部 X から最大投射 XP，つまりまとまりの最も大きな単位に至るまでの中間段階／投射である。X′ に必要に応じて付加部 WP がつき，指定部 ZP を経て XP まで投射する。X はすべての範疇を包括したものである。つまり，主要部が V であれば，V′ をへて VP まで投射する。同様に N ⇒ N′ ⇒ NP, A ⇒ A′ ⇒ AP, P ⇒ P′ ⇒ PP と主要部 X が何らかの要素と結びついて X′ を形成し，さらに指定部までへと「投射」するのである。それでは，以下の4つを樹形図（Tree diagram）で示してみよう。

（18） a. a professor of linguistics from Boston

      b. earnestly look for the books for writing a paper

      c. interested in linguistics for a sound reason

      d. just behind the table

(19) a.

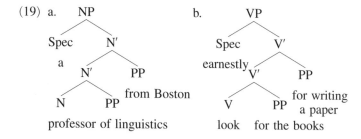

(19a) では head N の professor が補部 PP of linguistics と結び
つき N′，つまり N より 1 つ上の単位を形成する。そのまとまり
に adjunct PP である from Boston が結びつき別の N′ が構成さ
れ，定・不定を決定する不定冠詞 a を指定部に伴い NP へと投
射する。

　(19b) では，まず head V である look が補部 PP for the
books と結びつき，V′ を形成する。そこに adjunct PP for writ-
ing a paper が結びつき，新たな V′ を形成する。さらに，動作
を規定する指定部要素である副詞 earnestly と結びつき，全体が
VP となる。

(19) c.

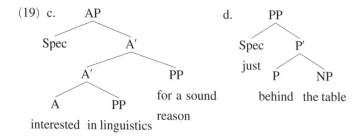

(19c) では head Adj である interested が補部 PP in linguistics
と結びついて A′ を形成する。それに adjunct PP for a weird
reason が付加され新たな A′ が形成される。指定部に要素が入っ

ていない場合はそのまま AP まで投射する。(19d) では，head
P である behind が補部 NP the table と結びついて P′ を形成す
る。それにどれほど後ろなのかを規定する指定部要素 just がつ
き PP へと投射する。

　ここで，中間投射 X′ の必要性について考えてみたい。主要部
X から XP へと投射するまでの中間段階にあたる X′ はなぜ必要
なのだろうか。その存在の必要性について例を挙げて説明する。
Radford (1988: 174) は以下の等位構造を示している。

(20)　Who would have dared defy the [king of England] and
　　　[ruler of the Empire]?

King of England と ruler of Empire は等位接続され，定冠詞
the がどの王なのかを指定する。つまり，主要部 N である king
と ruler が補部 of England / of the Empire を伴ってまず N′ へと
投射する。そして，最終的に指定部要素 the を伴って NP the
king of England and ruler of the Empire へと投射する。このこ
とは，主要部でも最大投射でもない，途中段階である中間投射の
必要性を示している。同様の例を Radford (1988:175) から引用
する。

(21)　a.　The present [king of England] is more popular than
　　　　　the last *one*.

　　　b.　*The [king] of England defeated the *one* of Spain.

(21a) における one は king of England を代用しており，この
文は容認される。一方，(14b) が示すことは one が主要部 N で
ある king だけを代用できないことである。この事実も，主要部
でもなく最大投射でもない N′ という範疇の必要性を示している。
次に，動詞の代用形 do so について述べる。

(22) a.　John carefully [read the book] in the library, and Paul carefully *did so* in the cafeteria.

　　　b.　John carefully [read the book in the library], and Paul carefully *did so* as well.

(23) a.　John carefully [put the vase on the desk], and Paul did so as well.

　　　b.　*John carefully [put] the vase on the desk, and Paul did so the book on the bookshelf.

(22a, b) では代用表現 did so は主要部と補部が結びついた最初の V′ である read the book, さらに付加部 PP in the library がついた 2 つ目の V′ 共に代用できる。一方, (23b) が非文であることから, did so が主要部 put だけを代用することはできず, put the book on the table 全体を do so が代用すると考えられる。このことから, do/did so が代用するのは主要部動詞ではなく VP へと投射するまでの中間段階 V′ であることが示される。

　ここまでは VP, NP, AP, PP の構造を, X′ 理論をもとに考察してきた。次に, 文の構造について考えてみたい。生成文法理論の最初期には以下のような句構造 (Phrase Structure) が想定されていた。

(23) a.　S → NP-VP

　　　b.　S → NP-AUX-VP

つまり, S (Sentence) は主語句 NP と動詞句 VP に分解されるという考えかたである。さらに, 時制要素・法助動詞は Auxiliary (AUX) として分析され, (23b) のような句構造が想定されていた。しかし, 時制要素が文をまとめると考えられる統語的証拠がある。以下を見ていただきたい。

(24) a. Raffy <u>plays baseball</u>.

　　 b. Raffy <u>played baseball</u>.

　　 c. Raffy will <u>play baseball</u>.

　　 d. Alex <u>plays baseball</u>.

(24a-d) すべてに共通する要素は play baseball である。さらに，その動作がいつ行われるのか／行われたのかを時制が規定し，それに主語が加わり完成するというのが文の構造であると考えることができる。これは以下のように図示できる。

(25) a. Raffy　-s　　play baseball

　　 b. Raffy　-ed　 play baseball

　　 c. Raffy　will　play baseball

　　 d. Alex　 -s　　play baseball

つまり，動詞 play が目的語 NP として baseball を取り，VP が完成する。次に，時制要素が VP を補部として取り，その指定部に主語が入って文が完成するのである。その派生を以下（26a-c）に示す。I は Inflection, つまり屈折／時制を示し，全体が IP（Inflectional Phrase）となる。

(26)

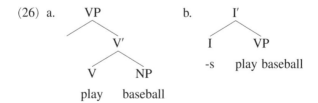

c.

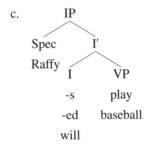

時制要素は現在形を示す -s，過去時制を示す -ed，あるいは未来を示す will で示される。以上，文が時制を中心とするまとまりであることについて分析した。

　次に，日本語の構造について触れる。X′理論はすべての言語に適用することができる理論であり，日本語ももちろん例外ではない。英語との違いは，補部が主要部の前に来ること，言い換えると主要部が後ろに生起することである。英語のように主要部が補部の前に置かれる言語を主要部前置（head initial）言語，日本のように主要部が補部の後ろに置かれる言語を主要部後置（head final）言語と呼ぶ。日本語の例文と構造を以下に示す。ここでは，議論を簡略化するため「吉田選手は」と「野球を」は助詞を伴った NP として分析する。

(27) a.　吉田選手は野球をする

　　 b.　吉田選手は野球をした

　　 c.　吉田選手は野球をするだろう

14

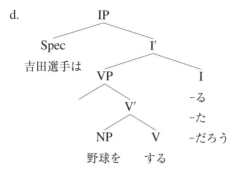

d.
```
        IP
       /  \
     Spec   I′
  吉田選手は  /  \
          VP    I
         /  \   -る
        V′   -た
       /  \
     NP    V  -だろう
    野球を   する
```

この例文においても「野球を」という補部と「する」という V 主
要部が V′ を形成し、VP へと投射する。その VP を時制要素 I
が補部として取り I′ を形成する。最後に IP 指定部に主語が入り、
「吉田選手が野球をする／した／するだろう」という文が完成す
る。

　本節の最後に目的語となる節、すなわち補文節 (complement
clause) について考察する。以下の例を見られたい。

(28)　a.　I think [₍? that [₍P Tom is a great football player]].

　　　b.　I wonder [₍? if [₍P Tom is a great football player]].

(28a, b) における that, if は補文、すなわち動詞の目的語とな
る節が後続することを示す役割を果たす。これらの要素を補文標
識 (complementizer) と呼ぶ。さらに、?? で示される節は IP を
補部として取る。これを、補文標識を主要部とする句、すなわち
CP (Complementizer Phrase) と呼ぶ。

　(28a, b) の構造を以下 (29a, b) に図示する。

(29) a.

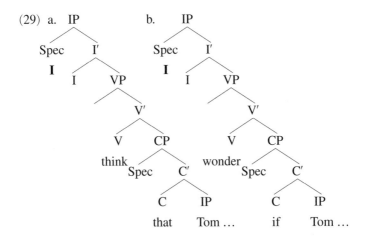

最後に本節をまとまる。本節では X′ 理論に基づき，動詞，名
詞，形容詞，前置詞すべてが主要部 X を中心とするまとまりを
なし，XP まで投射していくことを示した。さらに，文が時制要
素 Inflection を中心とする IP をなしていることを述べた。最後
に，補文節は補文標識（complementizer）を主要部とする CP を
なすことを述べた。次節では移動操作について分析していく。

4.　移動分析

具体的な移動分析に入る前に，文の派生のしくみについて見て
おきたい。X′ 理論が確立した 1980 年代には以下のような派生
が想定されていた。[2]

---

[2] 現在の統語理論分析の主流をなす極小主義プログラム（Minimalist Pro-
gram）では D-構造，S-構造，LF 表示，PF 表示は廃止されているが，基本的
な考え方は変わっていない。

(30) 語彙目録 (Lexicon)

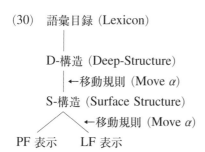

簡単に説明すると，語彙目録（個人が持っている語彙の辞書と言い換えてもよい）から必要な語彙を選び出し D-構造，つまり基底構造が構築される。そこから移動規則（Move α）が適用され，S-構造へと進む。Move α とは，任意の要素 α を移動させる規則を示す。そこからさらに必要に応じて音韻規則，あるいは意味解釈規則へと進むための移動規則（Move α）が適用され，派生が完成するのである。ここで具体例を挙げる。

(31) a. Raffy seems to enjoy the party.

　　 b. It seems that Raffy enjoys the party.

　　 c.

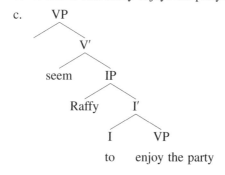

(31a, b) が同じ意味を持っており，[Raffy enjoyed the party] 全体に seem がかかっていることから，(31a, b) は (31c) のよう

な D-構造を持っていると考えられる。

　この基底構造から補文 IP の主語である Raffy が主節の主語に移動すると（32a）の S-構造が派生される。Raffy が補部 IP 主語位置に留まる場合は，主節の主語位置に虚辞の主語 it が挿入され，同時に補文 CP が導入され（32b）の S-構造ができる。t は元々その位置に要素が生成され，そこから移動した痕跡（trace）であることを示す。

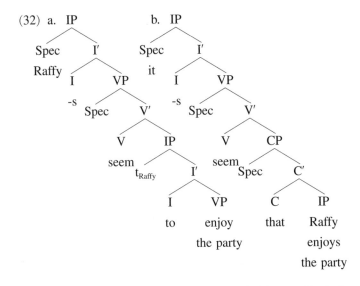

（32a）のような主語の移動を主語繰り上げ（subject raising）と呼ぶ。この節ではこのような移動操作を概説する。

　前節では補文標識を主要部とする CP について分析した。ここでは CP 主要部への主要部要素の移動としての Yes-No 疑問文の派生を考察する。ここでの前提は，主節が CP であり，その C に平叙文，疑問文，命令文という文の種類を決定する素性（feature）が含まれているとすることである。まず以下の図を見てみ

よう。以下では紙面の節約のため [　] で文を示す。

(33) a. $[_{CP} [_{C'} [_{C[+Decl]}] [_{IP}$ Raffy enjoyed the party]]]

　　 b. $[_{CP} [_{C'} [_{C[+Q]}] [_{IP}$ Raffy enjoyed the party]]]

　　 c. $[_{CP} [_{C'} [_{C[+Imp]}] [_{IP} \varnothing$ enjoy the party]]]

(33a) では C は [+Declarative, +Decl] つまり平叙の素性を持ち，文全体が平叙文である。一方 (33b) では CP 主要部は [+Question, Q] つまり疑問の素性を持っている。英語では相手が言ったことをそのまま繰り返す繰り返し疑問文 (Echo Question) でない限り，(33b) のような文は非文となる。一方，(33c) の C は [+Imperative, Imp] つまり命令文の素性を持っている。これに呼応して，IP 主語位置は空である。これは空集合 ($\varnothing$) で示される。(33b) の文を D-構造として Yes-No 疑問文が派生される。その派生を以下に図示する。

(34) a.　　　　　b.　　　　　c.

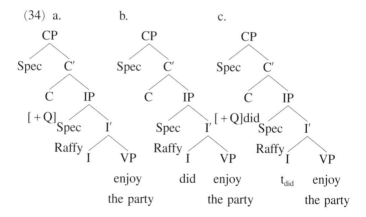

(34a) における C は [+Q] 素性を持っており，文が疑問文であることを示す。この C 主要部に何らかの要素が移動することが要求されるが，英語では本動詞が移動することができない。した

がって，(34b) で最後の手段 (last resort) として助動詞要素 did
が I 主要部に導入される。この要素が (34c) で C 主要部に移動
し，素性が照合され派生が完成する。これが英語における Yes-
No 疑問文の派生である。また，この移動は主要部には主要部要
素しか移動できないという制約 (Head Movement Constraint)
に従うものである。

　次に wh-移動について考察する。Wh 移動は概略 (35b) のよ
うな D-構造を持ち，そこから wh 句と助動詞要素が移動する。

(35) a. Raffy enjoyed something last night.
　　 b. Raffy enjoyed what last night?
　　 c. What did Raffy enjoy last night?

すなわち，Raffy が何かを楽しんだと言うことは分かっているが
それが何か分からないため，something を what に置き換える。
主節の C が [+Wh-Q] という素性を持っており，この素性は指
定部に wh 要素を，主要部に助動詞要素を要求する。しかし，
(36b) には助動詞要素は含まれていないため，最後の手段として
I 主要部に助動詞要素 did が導入され，what が did を伴って CP
に移動し，(36c) の派生が完成するのである。その派生は (37a-
c) に示す。

(37) a.   b.   c.

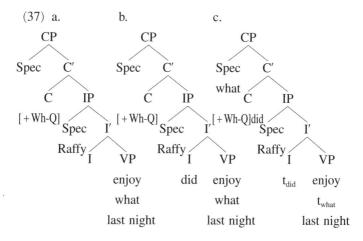

次に，wh 要素が補部となる間接疑問文について考察する。以下の（38a）のような例における補文では主語・助動詞倒置（Subject Auxiliary Inversion, SAI）が起こらない。この事実も，素性を使うことにより説明できる。すなわち，動詞 wonder の補文 CP の主要部 C は［＋embedded wh-Q］という素性を持っている。この素性を持つ主要部 C は指定部に［＋wh］素性を持つ要素を要求する一方，主要部には要素を要求しないと考えればよい。

（38b）は（38a）の VP 以下の樹形図である。

(38) a.　I wonder who Raffy met at Fenway Park.

    b.

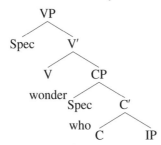

[＋embedded wh-Q]　　　Raffy met t_{who} at Fenway Park

次に，SAI を伴う移動操作を 2 種類あげる。否定辞前置（Negative Inversion）と So 前置（So Inversion）である。まず以下のような例を見られたい。

(39) a.　Never will I help Aaron.

    b.　A:　I have been to Boston.

        B:　Have you?　So have I.

(39a)，(39bB) では，never と so が主語位置を超えて文頭へと移動する。Culicover (1991) はこの移動を極性句（Polarity Phrase）指定部への移動と見なし，以下の構造を想定している。

(40)

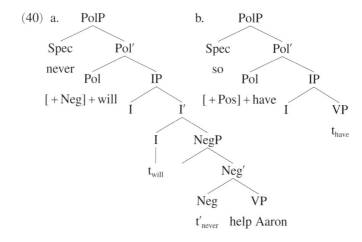

この倒置移動の分析でCulicover（1991）によるPolPを使うのは，肯定・否定の素性が明示されるからである。しかし，このPolPはCPと同様であると考えることもできる。

最後に，May（1977, 1985）などによるLFにおける数量詞繰り上げ（Quantifier Raising, QR）を考察する。以下の例文は中村・西原（2023）による。次の文を見てみよう。

(41) a. Every student admires some professor.

  b. すべての学生に尊敬する（1人の）教授がいる。

  c. すべての学生が尊敬する1人の教授がいる。

(41a)には（41b, c）で示される2つの意味解釈がある。（41b）の読みではeveryがsomeよりも広い作用域を取る，という。一方（41c）の読みではsomeがeveryよりも広い作用域を取る，という。（41b）の読みでは，構造上上位にある主語every student が目的語some professor よりも広い作用域を取る。一方，（41c）の読みでは構造上下位にある目的語が主語よりも広い作用

域を取る。この読みは，表層では表示されない。この意味解釈を表示するために，May（1985）は数量詞が Logical Form（LF）で主語よりも上位に繰り上がる Quantifier Raising（QR）を想定した。この統語操作は，以下に示す目的語が主語に付加する構造を取るもので，（30）の図における S-構造から LF 表示へと至る段階での移動規則である。

(42)

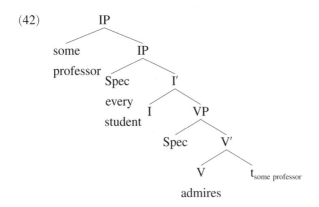

以上，本節では英語における移動操作を概説した。

5.　局所性

　この節では，移動操作，否定を示す表現の認可，代名詞とその先行詞との距離の間にある種の制約があることを示す。具体的には移動操作，否定対極表現の認可，先行詞による代名詞の束縛がある領域内に限られることを述べていく。

5.1.　移動の局所性

　まず，以下の例から議論を始めよう。

(42) a. Who saw what?

　　 b. *What did who see?

この 2 文は「誰が何を見たの？」という意味であるが，目的語 what が主語を超えて移動している (42b) は容認されない。主節主要部 C がその指定部に wh 要素を要求するため，wh 素性を持つ要素が移動する際，C により近い位置にある wh 素性を持つ要素を超えて移動することが許されないからである。概略以下のように示される。

(43) a. $[_{CP}$ who$[+wh]$ $[_{C'}$ C$[+wh]$ $[_{IP}$ t$_{who}$ $[_{I'}$ $[_{VP}$ saw what]]]]]

　　 b. *$[_{CP}$ what$[+wh]$ $[_{C'}$ C$[+wh]$ $[_{IP}$ who**$[+wh]$** $[_{I'}$ $[_{VP}$ saw t$_{what}$]]]]]

(43b) では，目的語 what の移動は主語位置にあり $[+wh]$ 素性を持つ who により阻止される。このように，ある要素が別の要素の移動を妨げる場合，移動が局所性 (locality) により排除されるという。さらに，次の例を観察してみよう。

(44) a. Will you go to Boston?

　　 b. *Go you will to Boston?

(44a) の構造は (45a)，(44b) の構造は (45b) である。

(45) a. $[_{CP}$ $[_{C'}$ C$[+Q]$will $[_{IP}$ you $[_{I'}$ t$_{will}$ $[_{VP}$ go to Boston]]]]]

　　 b. *$[_{CP}$ $[_{C'}$ C$[+Q]$ go $[_{IP}$ you $[_{I'}$ **will** $[_{VP}$ t$_{go}$ to Boston]]]]]

時制要素 will が C 主要部に移動する (45a) は適格である。一方，主要部要素 will を超えて動詞 go が C 主要部へ移動している (45b) は容認されない。このような主要部が別の主要部を超えて移動することができないのは主要部移動制約 (Head Move-

ment Constraint）によると言える。この制約も移動の局所性に
基づくものである。

5.2. 否定対極表現の認可

　この節では否定極性表現（Negative Polarity Item, NPI）の認
可についての局所性について述べる。まず英語の例を見てみよ
う。

(46) a. [IP Mary did **not** see anyone].

　　 b. Mary did **not** say [CP that [IP she had seen anyone]].

(Progovac (1994:55))

any のように生起が否定文に限られる[3] 要素は，構造上上位に認
可する否定要素を要する。(46a) では否定辞 not が anyone と同
一の IP 内に生起している。一方，(46b) では否定辞 not は主文
に，NPI anyone は補文 IP 内に生起しているが容認される。こ
れに対して，日本語の例を見てみよう。

(47) a. [IP 僕は会いたかった人には 3 人しか会えなかった]

　　 b. *[IP 僕は会いたかった人には 3 人しか会った]

(48) a. [IP 僕はこのことは決して誰にも言えない] と思ってい
た。

　　 b.?*[IP 僕はこのことは決して誰にも言える] とは思ってい
なかった。

(49) a. [IP 中村先生の授業は少しも面白くない] と学生たちは
言った。

---

[3] もう少し詳細に述べると，NPI は否定文，疑問文，条件文において生起
できる。さらに，動詞そのものが否定を示すもの，例えば refuse, doubt な
ども認可することができる。

b.?*[中村先生の授業は少しも面白い] と学生たちは言わな
かった。

(中村・西原 (2023: 34-36))

(47a) では，NPI「しか」は同一文中の否定辞「ない」に認可さ
れ適格である。一方，(47b) では NPI「しか」を認可する否定要
素がないため，この文は非文である。次に，(48a) では NPI「決
して」は同一文中の否定辞「ない」に認可され適格となる。それ
に対して，(48b) では NPI「決して」を認可する否定辞が同一の
IP 内にないため，適格性が下がる。同様に，(49b) では NPI「少
しも」が同一 IP 内に認可する否定辞がないため容認性が下がる。
このように，NPI 認可に対しても局所性が関与していると言う
ことができる。さらに，NPI 認可に関する局所性条件は英語よ
りも日本語の方が厳しいと言える。

5.3. 束縛理論

　本章の最後に，代名詞の先行詞に関する束縛理論（Binding
Theory）と呼ばれる局所性条件について述べる。まず以下の例
文から始めよう。

(50) a. *Chris$_i$ admires him$_i$.

b. Chris$_i$ admires him$_j$.

c. Chris$_i$ admires himself$_i$.

d. *Chris$_i$ admires himself$_j$.

(50a) では，代名詞 him は主語 Chris のことを指すことができ
ない。それに対して，(50b) では代名詞 him は主語 Chris を指
さない。ここで，下付の指標は指示を示す。Chris と him が下
付 i 指標を持つことは同一指示を示す。したがって，(50a) は非

文となる。一方，Chris と him が違う指標を持つ（50b）は適格
となる。次に，再帰代名詞 himself が Chris と同一指標をもつ
（50c）は適格である。それに対して，同一指標を持たない（50d）
は容認されない。このことは，代名詞と再帰代名詞の生起する条
件が異なること，つまりどちらか一方が生起できる状況ではもう
一方は生起できないことを意味する。

　次に，この主語と代名詞の関係を主節の主語と補文内の代名詞
との関係として捉えてみよう。

(51)　a.　James$_i$ thinks that [$_{IP}$ Rob admires him$_i$].

　　　b.　James$_i$ thinks that [$_{IP}$ Rob$_k$ admires him$_j$].

　　　b'.　*James$_i$ thinks that [$_{IP}$ Rob$_j$ admires him$_j$].

　　　c.　*James$_i$ thinks that [$_{IP}$ Rob$_j$ admires himself$_i$].

　　　d.　James$_i$ thinks that [$_{IP}$ Rob$_j$ admires himself$_j$].

(51a) では，補文 IP 内の代名詞 him は主節主語である James
と同一指標を持つことができる。一方，(51b) から分かるとお
り，補文内代名詞 him は主節主語 James と同一指標を持たない
解釈も成り立つ。さらに，(51b') から分かる通り，him は同一
IP 内にある Rob と同一指標を持つことはできない。次に，(51c)
が示すとおり，再帰代名詞 himself は同一 IP 内にない主節主語
の James と同一指標を持てない。一方，(51d) が示すとおり，
himself は同一 IP 内にある Rob と同一指標を持つことができる。
この事実は以下のようにまとめることができる。

(52)　a.　代名詞は最小文内に同一指標を持つ先行詞を持つこと
　　　　　ができない。

　　　b.　再帰代名詞は最小文内に同一指標を持つ先行詞を必要
　　　　　とする。

つまり，対格代名詞と再帰代名詞は相補分布（complementary distribution）をなす，と言うことができる。このような代名詞と再帰代名詞あるいは照応表現の生起分布について規定した理論を束縛理論（Binding Theory）と呼ぶ。この理論により，例えば以下のような文が容認されることも説明できる。

(53) a. John$_i$ said that he$_i$ loved Mary.

b. John$_i$ said that Mary loved him$_i$.

c. Those who know John$_i$ respect him$_i$.

（荒木・安井 (1992: 182)）

(53a) では最小の文は補文 that 節である。この中に him の先行詞は存在しないのでこの文は容認される。同様に (53b) でも最小の文は補文 that 節であり，この中に him の先行詞は存在しない。同様に，主語 NP 内にある関係節内は him にとって最小の文ではないので，この内部にある John と him が同一指示になることには問題がない。[4]

以上 , 本節では束縛理論について概説した。

6. まとめ

本章では，英語の 5 文型から議論を始め，5 文型では分析できない文の構成を主要部が補部を認可するという概念を使って説明した。さらに，句の構成を統一的に扱うことを可能にする X′ 理

---

[4] ここでは議論を簡略化して「最小の文」を単位としている。実際には GB 理論による統率範疇と言う概念が使われている。また，束縛理論には指示表現は（R-expression）は自由である，という項目も含まれる。詳しくは荒木・安井 (1992)，原口・中村・金子 (2016) などを参照のこと。

論を導入して，動詞句，名詞句，形容詞句，前置詞句，文から補
文までの構造を日本語の構造も交え概説した。さらに，移動現
象，局所性，束縛理論などについて述べた。

第2章　音声学・音韻論

0.　はじめに

　言語による意思伝達は，口話と手話があり，音声は口話を伝える言語の重要なメディアである。音声に関する関心は古く，すでに紀元前5世紀のインドで，音声に関する記述の記録が残っている。下って，ヨーロッパの大航海時代になり，カトリックの宣教師たちによる，様々な言語の文法・音声の記述が始まった。そして近代言語学になると，どのような言語であろうと，音声を同じ方法で記述することをめざしていった。音声は，未知の言語であっても，耳には届く，それを分析，記述するのが音声学であり，それぞれの音声のそれぞれの言語での役割を説明するのが音韻論である。音声学は音そのものを観察し，音韻論はそれを構造的に説明する。

1.　音声学 (Phonetics)

　音声学は3つの分野に分かれる。

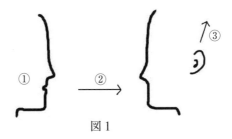

図1

① は，話し手の口腔内でどのようにして言語音が作られるかを観察するもので**調音音声学**（Articulatory Phonetics）という。言語学では，発音のことを，調音という。②は実際の音波の研究で，**音響音声学**（Acoustic Phonetics）という。③は聞き取った音波を脳がどう処理しているかの研究で，**聴覚音声学**（Auditory Phonetics）という。音響音声学は工学系，聴音音声学は心理学・医学系の知識が必要となる。

　最近では音声のテキスト化，自動翻訳，Siri やアレクサといった音声アシスタントの発達にともない，音声工学の面からの音声認識の研究が著しく発展している。また，音声コーパスによる研究も，音声データベースの充実に伴い新しい結果が期待される。[1]

1.1.　調音音声学

　人間が言語音を発する際には，呼吸や，消化吸収のための器官が発声器官となる。鼻・唇・舌・気管・肺などである。一般に肺から出た呼気が喉頭（のどぼとけ，だれでも触ればわかる）の奥にある声帯を震わせ，口腔および鼻腔でその振動を共鳴させ発声となる。この喉頭から口または鼻までを**声道**（**vocal tract**）と

---

[1] 日本語の音声データベース：音声資源コンソーシアム（SRC）https://research.nii.ac.jp/src/index.html

いう。

　呼気を使って発音するとき，肺から出た息が空気の流れが阻害されない場合と，何らかの阻害がある場合がある。呼気の阻害がないものを**母音（vowel）**といい，阻害がある場合，**子音（consonant）**という。阻害があまり大きくないものを，**半母音（semi-vowel）**，**流音（liquid）**という。

1.1.1.　発声器官

　まず，声道における発声器官について説明する。

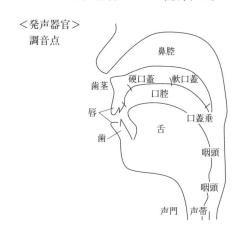

　　　＜発声器官＞
　　　調音点

図2　庄司（編）（2022）『世界の公用語事典』p. 397

上は頭部を半分にして横からみた図である。左が顔面である。

（1）　喉頭（laryngeal）

　喉頭とはのどぼとけの奥にある器官から，上部の**喉頭蓋（epi-glottis）**までをさす。喉頭蓋は，食事をするときに喉頭に蓋をし，食べ物などが肺の方に進まないようにする。触れるとわかるのどぼとけの骨は甲状軟骨という。その下には甲状軟骨を支える形で

輪状軟骨があり，輪状軟骨の後方に一対の披裂軟骨が乗る。甲状軟骨と披裂軟骨の間には2枚の**声帯**（**vocal cords**）がある。披裂軟骨は左右に広がり回転もする。声帯が開いてできた空気の通る穴を**声門**（**glottis**）という。したがって，声門は，基本的には，前部が閉じ後部が開く三角形に近い形となる。声門が閉まり，空気の力により，声帯が震える声を**有声音**（**voiced sounds**），声門が開き声帯が震えない場合，**無声音**（**voiceless sounds**）という。声帯の震えは甲状軟骨に触れた時の振動や，耳をふさいで発音してみると大きく聞こえることでもわかる。日本語の子音はわかりにくい場合もあるが，例えば「しー！」（静かに）というとき，ゆっくりと発音してみれば，最初は震えがないことや大きく聞こえないことが確認できる。声の高さの違いは披裂軟骨と環状軟骨の動きにより声帯の形を変えることによる。喉頭から下は気管である。気管の後ろには食道がある。

(2)　咽頭（pharynx）

　喉頭蓋から上を咽頭という。咽頭は舌のつけねから，奥の喉の部分を通り鼻腔につながっている。

(3)　口腔（oral cavity）

　口腔には可動域の大きい**舌**（**tongue**）があるため，様々な音色を出すことができる。舌で前歯から上の方になぞっていくと，**歯茎**（**alveolar**），その後ろに，硬いドーム状の部分が分かる，これは**硬口蓋**（**hard palate**）という。その奥の柔らかい部分が**軟口蓋**（**soft palate**）である。口を大きく開け鏡で確認すると，軟口蓋と，その奥に**口蓋垂**（**uvula**）が見える。

　舌は，前から奥へ**舌端**（**tip**），**前舌**（**blade**），**中舌**（**front**），**後舌**（**back**）と分けて調音器官として働く。

(4) 唇 (lips)

唇は閉じたり，丸めたり，横に開いたり，また大きく開けたりすることができ，言語音の音色を変える。

1.1.2. 呼吸

言語音は空気が声帯を震わし音波を発生し「声」となる。呼気，つまり肺からの息により声帯を震わす方法が一般的であるが，それ以外にも声を出す方法がある。

放出音 (ejective)： 口と声門をとじ，喉頭，つまりのどぼとけを上げることで，口腔内にとじこめられた空気の気圧が上がる。そして，調音点を開放することで発声する。アフリカ，コーカサス，アメリカインディアンの言語で観察される。

入破音 (implosive)： 口を閉じ，放出音とは逆に，喉頭，つまりのとぼとけを下げることで，口腔内の気圧が下がる。閉鎖の開放と同時に肺からも息が吐きだされ，声帯の震えを伴う言語音となる。ベトナム語，アフリカやアメリカインディアンの言葉で観察される。

吸着音 (click)： アフリカのコイサン語族やスワヒリ語などで使われる。上あごと舌で閉鎖された空間をつくり，それを開放することで出る言語音。肺からの気流は使っていない。日本語話者は，遊びでこの音を出すことがある。また，「ちぇっ」と表記されるときも使う。

吸気を使う発声： 吸気を使う発声としては，日本語では，間投詞的な発言（「あ〜びっくりした」等）の際，息を吸いながら発声する場合がある。欧米では 'yes' に疑わしさが

あるとき，吸いながらの発声になることがある。[2] また，言語音というより，一種のしぐさのような使い方で，何らかの間を取るような場面で息をすいながら，歯を使い〈す〉の頭子音の摩擦音をだすことが観察される。このような，声の付随的用法はパラ言語的効果という。

1.1.3.　声帯と発声方法

　声帯からの発声方法は，日常的な発声による声以外に，言語音として，また場面に合わせて様々な発声方法がある。

> **ささやき声**：　有声音を発声する際，披裂軟骨のところでのみ声門がひらいて発声する。(whisper)
> **きしみ声**：　声帯の振動が極端に少ない発声。(creaky voice)
> **息まじり声・つぶやき声**：　声帯の後部のみ開いて発声される。(breathy voice, murmur)
> **裏声**：　声帯が引き延ばされ薄くなり，そのヘリの部分のみ振動させて発声する。(head voice, 音楽用語として falsetto)

　これらの発声は言語音として標準的な声帯の動きの音と対立する（単語の意味を変える）言語もある（フィンランド語（きしみ音），ヒンディー語（息まじり音）。しかし，多くの場合，パラ言語的な意味がある。ささやき声には「これは秘密である」という言外のメッセージが込められている。

　その他世界各国の音楽でもこれらの声がつかわれることがある。裏声は，西洋音楽のオペラばかりでなくスイスのヨーデル，

---

[2] 服部 (1951: 20).

36

中国の京劇などは裏声と地声を順に繰り返す歌声のテクニックを使う。また，日本の民謡，奄美島唄，青森のホーハイ節などでもつかわれる。

また，きしみ声は日本の浪曲，中央アジアのトヴァ共和国やモンゴルのホーミー（ホーメィ）などで使われる。息交じり音はアイヌ人のレクッカラや，カナダ，イヌイットの女性の喉歌と呼ばれる声遊びの歌声などの唱法である。

1.2. 音声記号と言語音の記述

言語音は音声記号を使い記述される，**国際音声記号 International Phonetic Alphabet (IPA)** は，1886 年に設立された国際音声学会によって，世界のすべての音声を同じ記号（音声記号）により表記することを目的とした。その一覧は学会の Web[3] 上で公開されている。人間の発音可能な子音の一覧，様々な母音を記述するための基準となる**基本母音**（**cardinal vowel**）の一覧に加え，発音の微妙な違いを表記するための補助記号がある。

実際に使われている音声記号は，必ずしも IPA とは限らない。それぞれの辞書の用例で確認する必要がある。アメリカ英語のための辞書（*Webster*）などでは別の体系の音声記号を IPA とともに併用している。

音声表記には，分節音[4] のみの**簡略表記**（**broad transcription**）とより詳細な違いを記述した**精密表記**（**narrow transcription**）がある。前者は / / 内に入れ表記し，具体的な発音の表記の場合は [ ] 内に入れる。

---

[3] https://www.internationalphoneticassociation.org/sites/default/files/IPA_Kiel_2015.pdf

[4] = 音素 phoneme

1.2.1.　母音 (Vowels)

母音は舌，唇の位置や，その動き，口の周りの筋肉の張り等により音色がかわる。

(1)　舌の高さ

> **閉母音** (**close vowel**)：　舌の位置が高く，上あごに接近し，口の開きは狭い。
>
> **開母音** (**open vowel**)：　舌の位置が低く，口の開きは大きい。

母音の高さに関しては，中間の**中央母音** (**mid vowel**) がある。また英語のように中央母音に**半狭中母音** (**close-mid**) と**半開中母音** (**open-mid**) の4段階の高さのある言語もある。

さらに，舌の一番高いところが前後のどこにあるかによる分類もする。

> **前舌母音** (**front vowel**)：　舌の一番上あごに近いところが前方にある。
>
> **後舌母音** (**back vowel**)：　舌の一番上あごに近いところが後方にある。
>
> **中舌母音** (**central vowel**)：　舌の中間部分が最も上あごに近くなる。

舌の位置は自身の観察以外に，レントゲンや，MRI を使い客観的に観察することもできる。楊枝などを少し口の中に入れて発音して，触れる場合は前舌母音である。

(2)　唇の丸め (lip rounding)

後舌母音は自然に唇の丸めを伴うが，こういった自然な唇の丸めも含め，唇の丸めがある場合**円唇母音** (**rounded vowel**) とい

う。ない場合は**非円唇母音**（**unrounded vowel**）である。前母音で円唇母音が起こる例はドイツ語のウムラウトなどがある。英語では /u/（book）や /ɔ/（ball）などの後母音は日本語より唇の丸めが強く出る。日本語の場合「お」は円唇母音であるが，「う」は関西方言では円唇母音であり，東京方言では非円唇母音である。

(3)　**鼻音化**（**nasalization**）

呼気を口腔ではなく鼻から出す母音のことを言う。日本語では普通鼻音化が起きないが，フランス語の鼻母音は有名。鼻音化を意味の違いとして区別する言語は全体の 22% ぐらいである（Crystal（2010: 175））。

(4)　**口の周りの筋肉の張り**（**tense 張り母音・緊張音**）・**緩み**（**lax 緩み母音，弛緩母音**）

鼻音化と同様日本語は区別しない。英語の *pool* / *pull*, *heel* / *hill* の違いである。

(5)　**長短**

長短で意味を区別する言語は全体の 20%。[5] 日本語では，「おじさん」「おじいさん」「岡さん」「おかあさん」などの意味の違いにかかわる。日本語話者はリズムの単位としてのモーラで数え，基本母音は 1 モーラ，長い母音は 2 モーラと認識し，長い母音が，短い（基本形の）母音の 2 倍の長さがあるとする。しかし，正確に音の長さが 2 倍あるわけではなく，外国語話者が日本語を学習する際困難を感じるところである。

(6)　**二重母音**（**diphthong**）

1 つの母音であるが，舌の位置が固定せず移動する。英語の

---

[5] Crystal (2010: 175).

high, *say*, *boy* などの母音である。イギリス発音では母音の後ろの r 音が消えたため，3 重母音が観察される。（例：イギリス英語の *flower*，ただし母音が変化した単母音の発音もある。）二重母音は日本語にはないが，和歌などで字あまりとされるものの中に母音が連続する場合，連続する母音を 1 つと数えると定型の母音数になる。

> 例：　めぐり逢ひて見しやそれともわかぬ間に雲隠れにし夜半の月かな　（紫式部）
> *Meguri-ahite*（6 > 5）*Misiya soretomo*（7）*Wakanu-mani*（5）*Kumogakurenisi*（7）*Yohano tuki kana*（7）

(7)　反り舌母音

　反り舌音は子音にもあらわれるが，母音に関しては，アメリカ英語の母音の後ろの r 音の発音が英語学習者によく知られている。これは舌先を少し反り返したまま，あいまい母音を調音するときに観察される。その際舌先は口腔内のどこにも触れない。

1.2.1.1.　日本語の母音

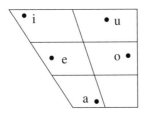

図 3　International Phonetic Association（1999: 117）

日本語は 5 母音である。世界の言語の母音の数は 5 〜 7 が一般的である。これに長短の区別がある。前述のとおり，世界の言語

の中で長短の区別のある言語は 20% である。

1.2.1.2. アメリカ英語の母音

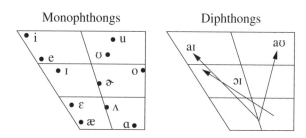

Monophthongs　　　　　　Diphthongs

図 4, 図 5　International Phonetic Association (1999: 42)

アメリカ英語には**単母音**（**monophthong**）として図にある 11 母音に**あいまい母音**（**schwa**）を加え，12，二重母音が 3，合計 15 の母音がある。短母音は① /i/ bead；　② /e/ bayed；　③ /ɪ/ bid；　④ /ɛ/ bed；　⑤ /æ/ bad；　⑥ /u/ booed；　⑦ /ʊ/ good；　⑧ /o/ bode；　⑨ /ʌ/ bud；　⑩ /ɑ/ pod；　⑪ /ɚ/ bird である。

　あいまい母音 /ə/（⑫）は⑪の母音と同じ位置と指定されていることが多いが，この母音は，何らかの理由でアクセントを失った母音の発音となり，環境によりかなり舌の位置は変化する。

　張り母音・緩み母音の対立は①と③及び⑥と⑦で明確に対立する。日本の学校教育では長短の母音の違いを認識しやすい日本語話者のために① /i:/ と③ /ɪ/（または /i/），⑥ /u:/ と⑦ /ʊ/（または /u/）のように長短の区別を付けた発音記号がつかわれることが多いが，それが示すものは日本語と同じ意味での「長い」音ではない。図 4 のように，舌の位置が異なり，音色の違いがある。さらに英語の母音の物理的な長さは，その母音の後ろにどんな音が続くかという「音声環境」により決まる。例えば beat；

bead；*bee* の 3 つの単語では，無声音の前，有声音の前，語末の順で母音の長さが長くなり，無声音の前の *beat* の母音の長さと有声母音の前の緩み母音 *bid* の長さがほぼ同じになり，長短で区別すると *beat* と *bit* が混同される場合がある。また，①/i/，②/e/，⑥/u/，⑧/o/ は日本語のように同じ舌の位置のまま長く伸ばすのではなく**わたり音 (glide)** が発音され舌の位置がわずかに移動する。

　これに対し二重母音⑬ *buy*；⑭ *bough*；⑮ *boy* は舌の位置が下から上へ大きく動く。

1.2.1.3.　イギリス英語の母音

　イギリス英語では，16 世紀（シェークスピアの時代）に発音されていた r 音が母音化したため三重母音になる場合がある。また，ask words といわれる *ask, bath, can't, cast, laugh, pass* などの母音の発音の違いもよく知られている。これらはアメリカ英語では前母音の [æ] で発音され，イギリス英語では後母音の [ɑ] で発音される。そして，アメリカ英語の [æ] 発音のほうが古く，アメリカでは 16 世紀から 17 世紀のイギリス英語の発音を保持したのに対し，イギリスではその後 [ɑ:] の発音に変化した。

1.2.2.　子音 (Consonants)

　子音は空気の流れに何らかの阻害が起こる場合の言語音である。子音は口腔内のどこで阻害が起こるか（**調音点 (place of articulation)**），そしてどのように起こるか（**調音方法 (manner of articulation)**）によって分類され，それぞれの子音に有声音・無声音がある。

1.2.2.1. 調音点 (place of articulation)

表1

調音点	唇音 labial	唇歯音 Labio- dental	歯音 dental	歯茎音 alveolar	後部歯茎音 post- alveolar	硬口蓋音 palatal	軟口蓋音 vela r	声門音 glottal
	唇	歯 唇	歯 舌端	歯茎 舌端	後部歯茎前 舌	硬口蓋 中舌	軟口蓋 後舌	声門
閉鎖音	p b			t d			k g	
破擦音					ʧ ʤ			
摩擦音		f v	θ ð	s z	ʃ ʒ			h
鼻音	m			n			ŋ	
側音				l				
接近音	w				ɹ	j	(w)	
口音	*＜は＞		＜た＞	＜さ＞			＜か＞	＜は＞
鼻音	＜ま＞		＜な＞					
半母音	＜わ＞				＜ら＞ (弾音)	＜や＞		

　表1は左から右に向かい，口腔の外から奥の声門に向かって調音点を並べている。第1行は音声学の用語で，第2行に，実際に何らかの阻害を作る調音器官を示している。英語は音声記号を使い表記しているが，日本語は五十音の行で表示している。

　発音記号は，英語のアルファベットをもとにして作られたため，英語の綴り字から推測できるものが多いが，/ʧ ʤ/ はそれ

ぞれ *church, judge* の語頭及び語末子音の発音 /θ ð/ は <th> で
綴る音，/ʃ ʒ/ は *she* の語頭音と *pleasure* の <s> の発音 /ŋ/ は
現在分詞などの <ing> の子音，/ɹ/ はほとんどの教科書及び辞
書では /r/ で表記される接近音の r 音である。反り舌化が起こる
場合も多い。/j/ は *you* の語頭子音を表す。

　軟口蓋の奥には口蓋垂があるが，標準的な英語や日本語にはこ
れを調音点とするものはない。

1.2.2.2. 調音方法 (place of articulation)

　縦列の 3 行目からは調音方法である。**閉鎖音**（**stop**），**破擦音**
（**affricate**），**摩擦音**（**fricative**），は阻害の強さに関し，完全に
閉鎖を作るのが閉鎖音である。閉鎖は解放しないと音が出ないた
め，**破裂音**（**plosive**）という場合もある。破擦音はいったん閉鎖
を作った後狭い隙間を作り呼気を開放する。初めからある狭い隙
間から気流が流れる音が摩擦音である。口腔への呼気が阻害さ
れ，鼻から出る音が**鼻音**（**nasal**）。日本語も英語のように細かい
調音方法の枠組みに入れるのが普通であるが，ここでは口音，鼻
音，半母音に分類している。ただし <ら> 行の子音は弾音
（flap）である。

　側音（**lateral**）や接近音の /ɹ/ は阻害があっても開放が大きく
しばらくの間，呼気を流し続けることができるためまとめて**流音**
（**liquid**）という。側音は舌の両側から呼気が流れる。

　/w/ は唇音及び硬口蓋音としても表記されているが，これは
自然な現象として唇を丸めると後舌にも狭めが起こり軟口蓋と接
近するためである。

1.2.2.3. 有声音と無声音

　また，これらの音には /h/ を除き，有声音，無声音の対立が

ある。上記のようにこの対立は声帯の震えの有無である。英語や日本語はこの対立がある。日本語の場合清音と濁音で有声か無声かを理解しやすいが，日本語の有声音は濁音に加え，その対立のない，マ行，ヤ行，ラ行，ワ行の子音及び＜ん＞で表記される音が有声音である。また，英語，日本語とも基本的な発音では母音は有声音である。

有声，無声以外に韓国語や中国語のように有気・無気の対立のある言語がある。英語では無声閉鎖音が語頭に来た場合，強い**帯気音（aspiration）**[6] を伴って発音する：*pea*, *tea*, *key* [pʰiː, tʰuː, kʰiː]。英語は，帯気音のあるなしで意味は変わらないが，帯気音を伴うのは英語母語話者の自然な発音である。帯気音を伴わない語頭破裂音の発音は英語学習者または外国人話者の発音となる。[7]

1.2.2.4. 日本語の子音と五十音図

1004 〜 28 年ごろ古典サンスクリットを学ぶ悉曇学をもとに作られた五十音図は，右から，調音点が奥から外（唇）にむかってならんでいる。タナ・ハマ[8] の並びは調音点は同じで，口音鼻音の順の並びで，半母音，ンの順序である。これはサンスクリットの音声分析による子音の分類と並べ方を模している。サンスクリットは紀元前 5 世紀のインドの大文法家パーニニが，聖典の言語と当時の言語のずれに気づき，聖典を正しく発音し，正しい韻文を作るために作られた文法書をもとにしている。内容は近代になって発達したヨーロッパの音声学と変わらないため，五十音

---

[6] 気息音，気音ともいう。

[7] このように，1 つの要素に別の要素が付随し，意味の違いにかかわらない場合，**余剰性（redundancy）**があるという。

[8] ハ行が唇音に置かれている理由は当時の日本語のハ行子音が唇音であったためである。

図はサンスクリットをもとにしているが，IPA の分類と同じである。

1.3.　連続した音の変化

　それぞれの音は独立して発音される場合と，連続した発話の中では変化する。英語の張母音の長さや，無声閉鎖音の帯気音なども，その例である。

> **音の脱落（elision）**：　同じ，または類似した子音が連続するとき音の脱落が起こる。実際の発音ではわずかな休止により脱落を認識できる（*hot day*／*with them*）。また *cupboard*／*handsome* のように脱落が固定した語彙もある。
>
> **同化（assimilation）**：　英語の *-s*／*-ed* が有声になるか無声音になるかは語末音の有声・無声に一致する。[9] *gimme*／*wanna* のように語彙化したものもある。*Would you …?*／*Could you …?* 等のように異なる音になる場合もある。

　そのほか，アメリカ英語における，母音間の /t, d/ の弾音化，母音連続を避けるため，本来なかった /ɹ/ 音の挿入 *an idea of* /ənaidiəɹəv/ 等が観察される。

　日本語では，東京方言において，無声子音に挟まれた /i u/（ツキ・キク）や語末の〈～デス〉の〈ス〉の無声音化などが起こる。サ行とダ行のイ段子音は母音が硬口蓋に近いため，子音の口蓋音化が起こり，ヘボン式綴り字ではこの発音が反映されている。（<*chi*>, <*shi*>）。

---

[9] それぞれ /s ʃ/ 等の後では /is/，/t d/ の後では /id/ となり，これは同化ではない。

1.4. アクセントとリズム，イントネーション

アクセント（**accent**）は音節を単位として語に与えられる。したがって，アクセントは語の区切りの目印となる。

アクセントには三種類あり。

> **強勢**（**stress**）： 強弱，つまり息を多く吐くことでアクセントをつけること。英語，ロシア語など。
> **高さ**（**pitch**）： 日本語，スエーデン語など。

日本語の東京方言では次のアクセント規則がある。(a)1拍目と2拍目は違うピッチでなければならない；(b) 単語の中で一度下がったピッチは二度と上がらない； さらに助詞が続いた場合，助詞のところで下がる尾高型，下がらない平板型がある。

> **声調**（**tone**）： 中国語の四声が有名。

それぞれの言語には繰り返しおこる一定のパターンがあり，それがその言語の**リズム**（**rhythm**）をつくる。伝統的な日本の詩歌は定型詩でリズムの単位（モーラ）数を制限し，表現する。日本語の詩やリズムはこのリズムの単位（モーラ）の数でなりたっている。リズムの単位は，英語では強勢の数であり，強勢と強勢の間隔を同じくすることでリズムを作る。日本語の場合は単位数が増えれば，全体の長さは長くなるが，英語のリズムでは，音の数が多くなっても強勢の数が変わらなければ全体の長さはそれほどかわらない。強勢は意味のある語「内容語」のみに置かれる。品詞でいえば，名詞・動詞・形容詞・副詞・数詞・疑問詞・感嘆詞。それに対する「機能語」は代名詞・冠詞・be動詞・助動詞・前置詞・接続詞・関係詞である。つまり下の3行はいずれも強勢の数は3つで，ほぼ同じ長さで発音される。

Peter	plays the	pipe.
Peter is	playing the	pipe.
Peter had been	playing the	pipe.

　イントネーション（抑揚）とは単語より大きい単位を結び付ける抑揚及び休止（間，pause）のとりかたをいう。疑問文と平叙文の抑揚の他，主題，新旧情報の区別，状況，感情などを伝えることができ，意思伝達が行われる文脈に関る人の関係といった，談話分析や語用論的意味を示す。

1.5. 音響音声学

　音波の視覚化は，かつては音響スペクトログラフという，回転する円筒につけたカーボン紙に細い針で傷をつける機械をつかっていた。現在では無料のソフト Praat[10] によって自分のコンピュータで自分の声音波の形を見ることができるようになった。

　発声される音には一定の周波数があり，口腔内のいろいろなところで共鳴し，倍音を作る。倍音は必ず整数倍で2倍，3倍，4倍となり，それを合成すると1つの音の音波ができあがる。このような周期的な音波は母音，半母音，一部の有声子音でみることができる。

　図6は英語の bead, bid, bed, bad の音響スペクトログラムである。

---

[10] Praat: doing phonetics by computer (http://www.fon.hum.uva.nl/praat/)

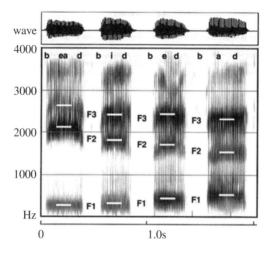

図 6　Ladefoged（2001: 37）

この，母音で観察されるはっきりした縞模様は，**フォルマント formant** という。フォルマントは下から F1, F2 と指定され，

F1　舌の高さ　低いほうが高舌
F2　舌の前後　高いほうが前舌

Praat で F1/F2 を計り F1 を横軸，F2 を縦軸にすると自分の母音図を書くことができる。

[s, ∫　f] などの音には，独特の騒音を示す波形が現れこれを，**粗擦性 sibilant** という。

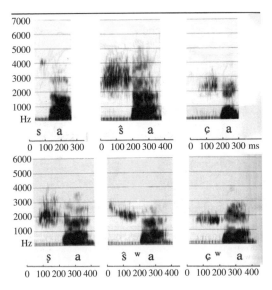

図7 Ladefoged and Maddieson (1996: 162)

こういった工学的な音声の分析は，機械が言語音を処理する自動翻訳や，合成音声の作成に役立っている。

1.6. 聴音音声学

　耳から脳に入った音が脳の中でどう処理されるか，合成音波の認識等を調査したりする分野である。かつては主観やおおよその判断にたよっていたが，現在では fMRI という機械により，血流が強くなる場所の特定が可能になり，より客観的な判断ができるようになっている。例えば，ヒトは，音をグループ分けして知覚しており（範疇知覚），このグループ分けが異なるために外国語の聴き取りが困難になるということが分かってきている。英語の l/r の区別は日本語ではグループ分けされていないため，日本

語話者はどう知覚するのかといった研究である。この分野は医学とも深くかかわり，医学的観点から，言語に関する認識全般の研究が進んでいる。

2. 音韻論 (Phonology)

2.1. ソシュール

2.1.1. ソシュール以前

　ソシュール以前の音韻研究では紀元前500年ごろインドのパーニニが調音や連声の規則を示した。さらに，紀元前2世紀のその大注釈書により，文字化を好まず音声の美しい響きを大切にする古典サンスクリットの韻律が固定され，文法が完成した。

　ヨーロッパでは，古代ギリシャ・ローマの時代から，中世，近代に入っても，ヨーロッパ全体の共通語であった，ラテン語の語形論が学ばれた。ラテン語は死語になったため変化することがなかった。それぞれの国の自国語の文法も，ラテン語を手本にした「正しい自国語」を学ぶための規範文法となり，標準語の概念ができあがった。

　そのころ，インド，コルカタの最高判事であったジョーンズ[11]は1786年サンスクリットを「発見」し，自らの古典とあおぐ，ギリシャ語・ラテン語との著しい一致を見つけた。そして，ヨーロッパの言葉の類似性を説明するために「語族」という考え方を提案し，それぞれの言語のより古い形を求め，理論的な存在である「祖語」の再構築を試みた。学者たちはヨーロッパのそれぞれの言語間にどのような対応関係があるかを規則として示していった。そして音変化の規則は体系的で一貫性があることに気づき

---

[11] Sir William Jones (1746–94).

「音変化に例外なし」として様々な規則を探していった。その中で最も有名な法則がグリムの法則，またその例外をヴェルネルの法則で説明した。こういった学者の中にはカール・ブルークマン，ヘルマン・パウル[12] といった優れた学者がいた。日本の明治維新はこの時代であったため，日本語と琉球語の関係やアイヌ語などが研究された。

2.1.2.　ソシュール

その中で現れたのがソシュール[13] である。1879 年の論文「印欧祖語における母音の原始組織に関する覚書」は言語の本当の形を理論的に構築可能であるということを示した画期的なものであった。当時，印欧祖語には *e a o* 3 母音があるのがわかっていた。しかし，その中で *a* の使用頻度が異様に多い。そこで，対応する音を設定することにより，頻度の構造が上手く説明される。つまり，*a* を表す文字で書かれている音の中にはその前の時代，異なる音であったものも，<a> の文字で書かれていると仮定し，バランスの取れた言語構造を示した。これはその後 1916 年にヒッタイト語の解読により証明された。その後，ジュネーブ大学の教授となり，その死後，講義を聞いた弟子たちがそれをまとめ 1916 年に出版した本が『一般言語学講義』である。この本がその後の言語学の方向性を明確に示した。そして，(1) 通時言語学と共時言語学の区別；(2) 構造主義；(3) 記述言語学；(4) 言語体系 (langue) と発話行為 (parole) の区別；(5) 記号学について提唱した。

音変化に関しては，1 つ 1 つの音の変化を追うのではなく，あ

---

[12] Karl Brugmann (1849–1919)；Hermann Paul (1846–1921).

[13] Ferdinand de Saussure (1857–1913).

る時代の枠組み（構造）の中でその音がどういう位置づけにあるか，そして，次の時代の構造になるのにどのような変化がったのかを見ていかなければならないとし，これはそのまま，構造主義の考え方につながる。構造主義とは，個々の単位がどのような枠組みのなかのどの位置付けにあるかという関係の中でそれぞれの単位をみていくというものである。

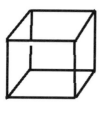 次の時代の共時言語の構造

 通時的変化

前の時代の共時言語の構造

図 8

　つまり，縦線（時間）に沿った変化のみを観察するのではなく，1つの時代の音の構造，次の時代の構造を設定し，それぞれの構造において1つの音がとのように変化したと観察するのが通時言語学であり，この構造の中でのそれぞれの音の位置づけを考えることが共時言語学である。その後。ヨーロッパのいろいろな大学で，この，構造主義に根差した研究が引き継がれ優れた業績をあげた。

2.2. ソシュール以降

2.2.1. プラーク（プラハ）学派

　チェコのプラーク（プラハ）学派は，音変化は何らかの目的の方向に進むとし，客観的なデータにより，機能負荷，経済の法則，また有標・無標の区別等を示した。またそれを二項対立という形式で説明を試みた。中心人物はツルベツコイ，それを引き継

いだヤーコブソン[14] は第二次大戦中アメリカにわたり，アメリカ言語学に大きな影響を与えた。

機能負荷（functional load）：　機能負荷とは，その項目にある情報量のことで，対立の頻度の高さで示す。機能負荷が高い項目は変化しにくい。日本語の外来語の語末の長音は，短音であっても意味の対立がなく，機能負荷が低いので長音化されない（例：コンピュータ）。

経済の法則：　情報伝達の際の余分な負荷を減らすため，伝達の妨げにならない限り，その発音を容易にする方向に変化する傾向がある。同化や脱落などがその例である。

有標（marked）・無標（unmarked）：　その言語において一般的な発音は無標で，そうでない場合を有標とする。音韻的に有標である発音は，無票の発音に変化する。日本語において語末に現れる子音は ＜ん＞ で表記される音のみである。つまり，母音で終わる発音が無標の発音であるため，外来語は子音で終わるものにも母音を加え，無標の発音にする：*second* セカンド；*cat* キャット。

また，分節音を音響音声学や調音音声学から抽出した**弁別素性（distinctive feature）** の束ととらえ，それらの表記を二項対立（＋ / −）で示すことを試みた。

2.2.2.　ロンドン学派

イギリス，ロンドン学派のファース[15] はプロソディという概念で，音声現象を総合的に説明することに主眼をおいた。ロンド

---

[14] Nikolay S. Trubetskoy (1890–1938); Roman Jakobson (1896–1982).

[15] John Rupert Firth (1890–1960).

ン学派は**構造**（**structure**）と**体系**（**system**）の定義を明確に示した。構造は統合関係（syntagmatic relation）をなし，体系は系列関係（paradigmatic relation）をなす関係である。統合関係は，その構造に顕在する項目間の関係で，系列関係にあるものは，構造の一定の位置に現れる項目間の関係である。したがって，系列関係は潜在している。

　ロンドン学派のプロソディとは，単なる超分節音を示すものではなく，上記の統合関係を示し，ある音がどの様に音声化されるかは，語頭，語中，語末などの位置，それぞれの言語特有の音節構造や，音韻規則などにより具体化される。こういったものすべてがプロソディであり，実際の発音はこのプロソディの制限を受け具体化されるという総合的な観点からの分析である。具体的には，イグボ語やトルコ語の母音調和の分析等それぞれの個別言語に合わせた分析がある。

2.2.3. アメリカ構造言語学

　ヨーロッパの言語学と異なり，アメリカの言語学は，すでに消滅の危機にあったアメリカインディアンの言葉の言語分析からはじまった。古い文献がないため，共時構造のみの研究になり，また外から観察可能なもの，つまり音声を基本的な研究対象とした。人類学者でもあるエドワード・サピアと，1933年『言語』（*Language*）を著したレナード・ブルームフィールド[16] がその土台を作った。

　アメリカ言語学では，調査の方法に一定の手順をもうけ，誰でもが同じような結果を導き出せる方法を明示した。また，研究は音声＞文法＞意味の順序となり音声の研究には意味の徹底的な排

---

[16] Edward Sapir (1884-1939), Leonard Bloomfield (1887-1949).

除がもとめられた。音の特定には，最小対立（minimal pair contrast）する音を，同じ環境における音の入れ替えにより意味が変わる場合，別の音と特定する方法で，これにより音目録を作っていった。この方法は未知の言語の音声の特定には優れた結果をだしたが，語の分析にから文の分析に進むにつれ，意味の分析を加えざるを得ず，徹底的な形式主義はその方法に矛盾をかかえていた。

2.3. チョムスキー (Noam Chomsky, 1928-)
2.3.1. チョムスキー

チョムスキーは，言語学に大きな衝撃を与えた本を若い時に出版した。

Syntactic Structures 1957『統語構造』
Aspects of the Theory of Syntax 1965『言語理論の諸相』

この2点は，統語論（文法）に関するもので，言語の記述に最初から意味を認め（深層構造），それに変形という規則が加わり，意味のある音声として発声（表層構造）されるとした。そして，記述方法として，規則の数式化を行い，数式化された規則の集合体として言語があるとし，通時構造と，共時構造を同じ規則で説明を試みた。通時構造や方言による違いは，規則の順序付けや消失，付加によるものとした。

数式化された規則は，初期のものから大幅に変わっていったが，変わらないのは，「言語習得能力は生物学的には同じ人類（ヒト）の脳に共通して存在する能力」と示したことである。この生得的能力により，誰でも母語を習得し，母語で間違いのない文を作ることができ，また，個人的な全く新しい経験や，想像した経験など，他人から聞いたわけではない話をすることができると

した。

　つまりチョムスキーは言語学を脳の問題とし，人間の脳はどのように言語を習得するのか，それを理解することによって言語の本質が分かるとした。

　チョムスキーの言語観察の対象は，**言語能力**（**competenc**e）であり，それはすべての言語に共通性するはずであるとし，「均質な言語社会において，間違いをしない理想の話し手」を研究対象とした。この考え方は

　　脳＝規則による言語処理をするコンピュータ
　　文法＝プログラム（規則の集合体）
　　言語変化：規則の削除・付加　順序が変わることで説明

するなど，当時ひろまりつつあったコンピュータのプログラムに類似し，言語学者以外に工学系の学者が言語に興味を持ち始め，今の AI などの研究につながることとなり，言語学でも認知言語学が発達していった。また，医学，心理学でも，脳そのものや言語と脳の考え方をみる新しい方向をしめし，その影響は計り知れないものがある。

2.3.2.　*The Sound Pattern of English*，SPE

　1968 年出版のチョムスキーとハレ[17] の共著であるこの本は，生成文法の音韻部門の集大成である。

① 　音変化の図式化：A → X/＿＿Y
これは，ある音 /A/ がある音環境（上では音 /Y/ の前）において別の音 /X/ に変化する事実を，図式的に示した。

---

[17] Morris Halle (1923–2018).

② 分節音を弁別素性の束でしめすことで，各分節音で起こる変化に共通する素性を示すことで，同化や，口蓋化など異なる複数の分節音に起こる変化を一般化した。以下は子音連結において後続子音の有声・無声に同化する変化の規則の表示である。[18]

$$\begin{bmatrix} +\text{cons} \\ -\text{voc} \\ -\text{nasal} \end{bmatrix} \rightarrow [\alpha\text{voice}]/\underline{\quad} \begin{bmatrix} +\text{cons} \\ -\text{voc} \\ -\text{nasal} \\ \alpha\text{voice} \end{bmatrix}$$

③ 規則が循環的に適用され，より少ない規則での説明を可能にする等，脳内の言語処理とする音過程の図式的，明示的な表記法は，説明の複雑さを減らし，理解を容易にする流れを作った。

2.3.3. 最適性理論 (Optimality Theory)

SPE 以降様々な理論がうちだされた中，1993 年[19] のプリンスとスモーレンスキーの最適性理論は，結果として音声化されたものがその言語において適格なものとして出力されているということは，最終的な音声化に至る過程で不適格な音声形式は何らかの制約により，排除され，最適な音形式を生成するという観点からの理論である。そういった制約は普遍的なものであり，制約の強さや順序の違いが，言語の変異を生むとし，それぞれの言語や方言で適格な音形式が生じる理由を説明する。

この理論は，不適格なものの排除という単純な方法によるものであるが，人間の脳内の言語処理を仮定するとき，理解しやすく，また情報処理や認知という観点からも光を当てることができ

---

[18] Chomsky and Halle (1968:178).
[19] 出版は 2004 年。

るものである。

2.4. 社会言語学

2.4.1. ウイリアム・ラボフ (William Labov, 1927-)

　ラボフはチョムスキーとは異なり「多様性のある言語共同体」をはじめから認め，多様性そのものに注目して言語研究をはじめた。聴覚言語における声は，意味と異なり観察可能なものであり，言語による違いはもちろん，個人の発声でも，多様性がある。社会言語学が問うのは変種・変異形の意味である。ラボフは，言語の多様性は，社会の在り方の反映であり，また言語変化の原因であるとした。

2.4.2. ユーリエル・ヴァインライヒ (Uriel Weinreich, 1926-67)

　言語接触に関し，20世紀末までほとんど注目されなかった混成語や，単一の言語内の変異形について，ヴァインライヒは1953年の著書で，音声目録の異なる2つの変種が接触した場合にどのように構造および，具体的に発音が変わるか等，様々な例を挙げ説明をしている。

3. おわりに

　20世紀はじめには，音波の視覚化は限られた環境でのみ可能であった。21世紀になり，コンピュータさえあれば，だれでも自分の母音図を描くことができるようになった。そして，コーパスにより，前世紀には個人の力では一生かけても得られなかったような大量のデータを手に入れることができるようになった。また，手に負えないほどの大量のデータであっても，AIによりう

まく処理できる可能性がある。こういった情報処理の変化は，音声学・音韻論の方法を今後大きく変えていくと予想される。また，情報工学，医学，そして他の生物の意思伝達方法との比較など，伝統的な言語学をこえた研究がさらに進められていくことが期待される。

第3章　形態論

1.　形態論とは何か

　形態論（morphology）とは，それぞれの言語における，語の内部構造を構成している要素がどのようにして，組み合わせることが可能であるかを取り扱う部門である。この形態論という語は本来，言語学で用いられた用語ではなく，詩人・劇作家として著名なゲーテ（Johann Wolfgang Goethe, 1749–1832）によって生物学上の用語として，使用されたのが最初とされており，19世紀に言語学によって借用，使用されるようになったものである。

　形態論は，2つの部門から形成されており，語形成（word-formation）と屈折形態論（inflectional morphology）から形成されている。語形成の部門は，派生（derivation），複合（compounding），その他から成立しており，新語の形成に関わるものである。一方，屈折形態論における屈折とは，語が文中や他の語との文法関係を示すために語形を変化させることを指す。

　この2つの形態部門は，どんな要素がどのように組み合わさり，どのような語が作成されるのかを取り扱うものである。基本的には，形態部門が語以下の単位を取り扱う部門であり，語以上

の単位である句や文において，語と語がどのように連結されるのかを扱うのは統語部門である。

　形態部門は文法体系全体において，語以下の単位を取り扱うため，ノーム・チョムスキー（Noam Chomsky）によって提唱された生成文法理論（Generative Grammar）では，一般的に統語部門の前に位置づけられ，形態部門から統語部門に語が配給されるという仕組みとされている。

　しかしながら，形態部門は文法体系において，他の音韻部門，統語部門，意味部門とまったく別に独立して存在しているものではなく，相互に影響を与え合う，モジュール体系をなしていると考えられる。

　形態部門は，辞書（レキシコン：lexicon）と呼ばれる下位部門と，語を作りだす規則である語形成規則（word-formation rule）の集合から成り立っている。辞書（レキシコン）には，語を作りだすために不可欠な語基や接辞などが登録されており，さらに語形成規則に基づいて作りだされた新しい語も，辞書（レキシコン）に登録されることになる。

　語形成を担う形態規則は，統語部門における，句構造規則（phrase structure rule）と同じように繰り返し性（recursiveness）を持っており，一般的に派生（derivation）の過程においては繰り返し性が見られるが，屈折（inflection）の過程では繰り返し性は見られないと考えられている。

　例えば，英語の派生語では，industri-al-iz-ation-al, pre-pre-Columbian art, post-post-war などのように派生接辞付加の繰りかえし性が可能ではあるが，屈折においては，*step-s-es のように屈折接辞 -(e)s の付加の繰りかえしは認められていない。

　しかしながら，elevenses（午前 11 時頃のおやつ）などのような，二重複数による例外も若干，存在しているのも事実である。例え

ば，サセックス地方やヨークシャ地方における英語の方言では，名詞の二重複数（double plural）である，/boet-s-ez/ 'boat-s-es' や形容詞の二重比較，二重最上級である，better-er, mor-er や best-est, most-est, worst-est などの例外的な付加の繰り返し形の語がさらに散見される。

　形態論において，取り扱われる語は，その内部構造から，まず，girl, book, find のような単一の構成素からなる単純語（simple word）と複雑な構成素からなる合成語（complex word）とに区別される。さらに，合成語は，blackboard のような複合語（compound word），happiness のような派生語（derivative word），walked のような屈折語（inflected word）に分けられる。ここで，示す単純語，合成語の区別は，あくまで現代という一時期の共時的視点から見ての区別であることには注意が必要である。

　すなわち，現代という時点から見れば，単純語としか見えない語が，実は歴史的には合成語であったということもあり得る。例えば，gospel, daisy, lord, lady という語は，現代の視点からは単純語としか見えないが，それぞれ古英語では，gōdspel（よき知らせ），dæges-ēage（日・昼の目），hlāf-weard（パンを守る者），hlǣfdige（パンをこねる者）という複合語であった。

2.　形態論の基本概念

　形態論の基本概念としては，まず，語を分析する際に，文法形式の最も小さな単位である形態素（morpheme）と呼ばれるものが存在する。形態素とは，意味を持つ最小の単位であり，これ以上は小さく分析することができない最小の文法的単位であると考えられる。

　例えば，unhappiness という語では，un-，happy，-ness はそれぞれが形態素である。これらの形態素が，複合（compounding），派生（derivation），および屈折（inflection）の作用を受けることとなる。派生や屈折を受けた合成語は独自の意味的まとまりを持つ要素である語基（base）と，語基に付加されることによってはじめて機能することができる要素である接辞（affix）とから成り立っている。また，複合語は，語基と語基の組み合わせによるものである。

　派生語は，独立して現れうる語基に，それ自体では独立して現れることができない接頭辞（prefix：例えば，de-，un-，など）や，接尾辞（suffix：例えば，-al，-ize など）が付加されて造られる語である。形態論においては，複合語や派生語は形態部門で生成されると考えられ，一方，屈折語は統語部門において生成されると考えられる。また，unkindness という語では，単独で現れることのできる kind は自由形態素（free morpheme）と呼ばれ，un- や -ness のように単独で現れることのできない形態素は拘束形態素（bound morpheme）と呼ばれる。

　形態素のなかには，形としては単一の形態素でありながら，機能的には同時に複数の形態素の機能を有するものがあり，かばん形態（portmanteau morph）と呼ばれる。例えば，英語の動詞の屈折語尾 -s は 3 人称，単数，現在を表す 3 つの形態素が同時に具現化されたかばん形態である。また，同一の形態素が環境によって，異なる形をとる場合があり，例えば，英語の名詞複数形態素 {Z} は，/-s/，/-z/，/-əz/ などの異形を持つ。これらの異形を同一形態素の異形態（allomorph）と言う。

　また，Bloomfield (1933) は複合語を 2 つに分類している。すなわち，複合語の全体の意味が複合語を構成している要素の一種であると判断できるものと，そのようには判断できないものの 2

つである。一般に，前者は内心複合語（endocentric compound）と呼ばれ，後者は外心複合語（exocentric compound）と呼ばれている。例えば，内心複合語は，greenhouse（温室）やblackboard（黒板）などであり，それぞれ house, board の一種であると考えることができる。一方，外心複合語は，pickpocket（すり）や turnkey（看守）などであり，いずれもその構成要素の一種であるとは考えられない。このような2種類の複合語では，一般に内心複合語が外心複合語よりもはるかに，その数が多い。

3. 第 I 類接辞と第 II 類接辞

Siegel（1974）や Allen（1978）によれば，接辞（接頭辞と接尾辞）は第 I 類接辞（class I affix）と第 II 類接辞（class II affix）の2種類に分類することができる。そしてこの2つの接辞では，第 I 類接辞は必ず第 II 類接辞より先に語基に添加される。これを接辞添加の順序付け（ordering）と言う。これらの2種類の接辞は後に挙げる，異なる特徴を持っている。

　形態論の自立性が認められたのちも，形態論が音韻論とのインターフェイスで成立しているという考えに基づき，語彙音韻論（Lexical Phonology）という枠組みが提案された。語彙音韻論では，語形成（生成形態論）に音韻論のインターフェイスの相互関連性を認めた音韻理論である。

　まず，生成形態論の枠組みを簡単に概説することにする。生成形態論という理論は，語形成が語彙部門（レキシコン）において，一定の階層構造から成り立っており（これらの階層はレベル（level），クラス（class），または層（stratum）などと呼ばれている），語への接辞（接頭辞や接尾辞）の付加や語と語の結合（複合語化と呼ばれている）が，階層構造の一定の順序に従って形成さ

れると提案するものである。基本的な階層構造は以下のように示すことができるが，その階層の構築数については，いくつかの階層数が提案されている。

(0)　クラス I 接辞付加
　　　　　↓ （循環語強勢付与規則）
　　　クラス II 接辞付加
　　　　　↓
　　　語レベル音韻論

　　　　　　　　　　　　　　　　　　　　　(Siegel (1974))

このような考え方（枠組み）は順序付けの仮説（ordering hypothesis）と呼ばれるものであり，クラス I 接辞はクラス II 接辞の内側のみに生起し，通常，クラス I 接辞がクラス II 接辞の外側には生起しないことが予測されます。それゆえ，クラス I 接辞がクラス II 接辞の外側に表れるような語形成過程（word-formation process）は認められないということになる。もちろん，同じクラスの接辞が連続することには問題はない。

(1)　a.　第 I 類接辞は強勢位置決定に関わり，第 1 強勢の位置
　　　　　の移動を引き起こす場合がある。一方，第 II 類接辞
　　　　　は強勢位置決定にかかわらず，強勢の移動を引き起こ
　　　　　さない。
　　　　　májor → majór + ity (class I)
　　　　　wóman → wóman + ish (class II)
　　b.　第 I 類接辞は語基，または接辞において子音や母音の
　　　　　音声変化を引き起こすことがある。しかし，第 II 類
　　　　　接辞はそのような変化を引き起こさない。
　　　　　in + balance → im + balance (class I)

un + balance → un + balance（class II）

ただし，unbalance は，[ʌn-] が後続の [b] に同化して [ʌm-] と発音されることはある。その場合も，綴り字上の変化は起こらない。

第 I 類接辞の -y の添加によって摩擦音化（spirantization）を引き起こされる，第 II 類接辞の -y では，そのような変化を引き起こさない。

democra[t] → democra[s]-y　（class I）

tren[d] → tren[d]-y　　　　（class II）

第 I 類接辞の添加は，三音節母音弛み化規則（trisyllabic laxing）を引き起こすが，第 II 類接辞では，そのような変化を引き起こさない。

provōke → provŏc-ative　（class I）

mīght → mīght-i-ly　　　（class II）

c. 第 I 類接辞は，一部の例外を除き，第 II 類接辞を含んだ語に添加されることはない。

　*in + [book + ish]

　I　　　　　　　II

　un + [book + ish]（読書ぎらいな）

　II　　　　　　II

d. 第 II 類接辞は複合語に添加することが可能であるが，一部の例外を除き，第 I 類接辞が複合語に添加されることはない。

　mis + [under + line]

　II

　*dis + [up + grade]

　I

e. 第 I 類接辞は，接辞添加の際に，異形態（allomorphy）

や刈り込み（truncation）が生じることがあるが，第 I
類接辞ではそのような変化は起きない。

nomin-ate　→　nomin-ee,　simpl-ify　→　simpli-ific-
ation（class I）

nomin-ate　→　nomin-at-ed, simpl-ify　→　simpl-ify-ing
（class II）

f.　第 I 類接辞は，その接辞添加によって語の意味が非合
成的なものになる。すなわち予測可能な一定の意味を
持っていないが，第 II 類接辞では，その語の意味は
合成的であり，予測可能な意味を持つこととなる。

re-duce, re-sume, re-has（class I：一定の意味を持
たない）

re-make, re-means（class II：一定の意味——何かを
もう一度すること）

　このように，第 I 類接辞と第 II 類接辞は音韻的，形態的及び
意味的に，明確にその特徴において区別されているが，ブローカ
失語症患者の音韻的振る舞いに関してものその区別がなされてい
る。

　Kean（1977）によれば，Chomsky and Halle（1968）で導入
された，語境界接辞（word-boundary affixes: #）と非語境界接辞
（non-word boundary affixes: ＋）を Siegel（1974）や Allen
（1978）が前者を第 II 類接辞，後者を第 I 類接辞として解釈して
いることから，強勢移動を引き起こさない [# [# definite #] ness
#] という構造では “definite” までが，音韻語（phonological
word）であると定義し，音韻語以外の要素である “ness” の部分
が脱落するとしている。一方，強勢移動を引き起こす [# [#
definte ＋] ive #] という構造では，“definitive” までが音韻語と

なるので ＋ive の脱落は見られない。

　さらに，強勢移動を引き起こさないような，複数形を示す屈折接辞，属格の接辞，動詞の屈折語尾のような機能語や名詞を形成する -ing は音韻語ではないので，英語のブローカ失語症患者らによっては，脱落させられていると指摘している。そして，Kean（1977）は音韻的観点から，「ブローカ失語症患者の言語では音韻語でない要素が削除される」と結論づけている。

　その一方，例えば，接尾辞 -able, -ize などのように，第 I 類接辞と第 II 類接辞の両方の特徴を兼ね備えている二重クラス接尾辞（dual class suffix）と呼ばれるものが存在する。まず，-ize では，その生産性はかなり高く，名詞の語基に付加（alchohol—alchoholize など）されたり，形容詞にも（familiar—familiarize など）添加されたりする。強勢についても，第 I 類接辞のように強勢の移動を引き起こす場合（gélatin—gelátinize など）がある一方，第 II 類接辞のように強勢の移動を引き起こす場合（skélton—skéltonize など）がある。さらに，同一の単語でも，強勢移動している語と強勢移動を引き起こしていない形が併存している場合がある（cátholic → cátholicize／cathólicize など）。次に，-able についてであるが，これも，強勢の移動を伴う場合と伴わない場合が併存している接辞であり，cómparable（匹敵する）という場合は強勢移動しているので第 I 類接辞であるが，compárable（比較できる）は強勢移動がないので，第 II 類接辞であるということになる。

　しかし，Burzio（1994）では，第 I 類接辞と第 II 類接辞というような英語における接辞の区別は適格なものではなく，これらをラテン語系接辞とゲルマン語系接辞に分けるべきであるという主張もある。

　ここでは，とりあえず，Szpyra（1989）に基づいて，第 I 類接

辞と第 II 類接辞を列挙してゆく：第 I 類接尾辞, -y（名詞を形成）, -ate, -ion, -ity, -(i)fy, -al（形容詞を形成）, -ous, ory, -ic, -ary, -use, -itude, -ial（以上 Siegel (1974)）, -th, -ette, -ian, -a, -ese, -esque（以上 Selkirk (1982)）, -an, -ious, -is（以上 Strauss (1982)）, 第 II 類接尾辞は, -y（形容詞を形成）, -ness, -less, -ly, -ish, -like, -some, -ful, -al（名詞を形成）, -ed, -ing（以上 Siegel (1974)）, -hood, -age, -ling, -let, -dom, -worthy（以上 Selkirk (1982)）, -ship, -er（以上 Strauss (1982)）, そして第 I 類接頭辞は, in-, con-, per-, ab-, sub-, dis-, trans-, inter-, para-, de-（以上 Siegel (1974)）。

　第 II 類頭接辞は, anti-, pro-（以上 Siegel (1974)）, non-, step-, ex-（以上 Selkirk (1982)）などである。そして, 先にも述べたのと同様に, Siegel (1974), Aronoff (1976), Selkirk (1982) などもが主張する, いわゆる二重接辞（dual class affixes）は以下のとおりである：接尾辞は, -ize, -ment, -able, -ism, -ist, -ive, -y（名詞を形成）で, 接頭辞は, hyper-, circum-, neo-, auto-, mono-（以上 Selkirk (1982)）である。

　このような接辞のクラス分けのモデルをさらに修正し, クラスの数を増やした枠組みが, Allen (1978) によって提案された理論が, 拡大順序付け仮説（Extended Ordering Hypothesis）であります。なお, Allen (1978) では, クラスという用語ではなく, レベルという用語を用いている。

(2)　拡大順序付け仮説（Extended Ordering Hypothesis）

　　　レベル I 接辞付加

　　　　　　↓

　　　レベル II 接辞付加

　　　　　　↓

レベル III 接辞付加（ゼロ派生・複合語化・non- 接辞付加）

Allen（1978）によるこの理論に従えば，次に挙げるようなレベル III で形成された複合語の外側には，レベル II 接辞である un- が決して付加されないという事実を的確に説明することができる。

(3)　*un$_{II}$-[forward-looking]$_{III}$　　*un$_{II}$-[home-made]$_{III}$
　　　*un$_{II}$-[color-blind]$_{III}$　　　*un$_{II}$-[hand-washable]$_{III}$

さらに，クラス III 接辞付加作用の 1 つである non- 接辞付加が，例外的に複合語に付加されるという現象が実在するという事実もまた，うまく説明することが可能となる。

(4)　non$_{III}$-[forward-looking]$_{III}$　　non$_{III}$-[home-made]$_{III}$
　　　non$_{III}$-[color-blind]$_{III}$　　　non$_{III}$-[hand-washable]$_{III}$

しかしながら，Selkirk（1982）は，複合語の外側に付加されてはいけないレベル II 接辞（接頭辞）が付加されている例が存在していると指摘されている。

(5)　un$_{II}$-[self-sufficient]$_{III}$　　　ex$_{II}$-frogman$_{III}$
　　　un$_{II}$-[top-heavy]$_{III}$　　　　mis$_{II}$-underline$_{III}$

(Selkirk（1982))

例えば，(5) の self-sufficient は複合語（つまり，レベル III）なので，(6) に示したように，レベル II 接頭辞である un- は付加されないはずですが，(8) では un$_{II}$ self-sufficient$_{III}$ として成立している。

このように Allen（1978）の理論ではうまく説明ができない例

が存在しています。このような例外的と思われる例をうまく説明するために，Selkirk（1982）は次のような階層化のモデルを提案している。この Selkirk（1982）による階層化に従えば，レベル II において複合化と un-II のようなレベル II 接頭辞付加が同時に行われると考えられる。そうすれば矛盾なくこのような2つの形態操作が同時に行われることを適切に説明することが可能となる。つまり，以下に示すように，Selkirk（1982）が提案していますレベルの階層化は，2つのレベル II での形態操作が妥当であるということを明らかにしている。

(6)　レベル I 接辞付加
　　　↓
　　　レベル II 接辞付加・複合語化過程 un_{II}-[self-sufficient]$_{II}$

4.　語彙音韻論の枠組み

　語彙音韻論（lexical phonology）とは，語形成（（生成）形態論）と音韻論のインターフェイスを提唱する音韻理論であり，形態論における階層構造とさまざまな音韻規則がお互いに関連性をもって，語レベルから文レベルに至るまでの派生過程が行われる文法構造の枠組みである。語彙音韻論における基本的枠組みのモデルを提示すると以下のようなものが挙げられる。

(7)　語彙音韻論（Lexical Phonology）
　　　語彙部門（Lexicon）
　　　(1)　基底表示（Underlying Representation：RP）
　　　[形態論（Morphology）⇔音韻論（Phonology）レベル 1]
　　　[形態論（Morphology）⇔音韻論（Phonology）レベル 2]
　　　[形態論（Morphology）⇔音韻論（Phonology）レベル N]

↓

(2)　語彙表示 (Lexical Representation)

（語彙挿入，休止挿入）

↓

[後語彙音韻論 (Post-Lexical Phonology)]

↓

(3)　音声表示 (Phonetic Representation：PR)

このように，形態論の階層構造での単語の形成と音韻論（音韻規則の適用）とのインターフェイスによって説明したものが，以下の，Mohanan (1982) などで提案されている4層から成る，標準的な語彙音韻論の枠組みである。

(8)　層1：クラスI接辞付加，不規則的屈折接辞付加
　　　層2：クラスII接辞付加
　　　層3：複合語形成
　　　層4：規則的屈折接辞付加
　　　　↓
　　　後語彙音韻論 (Post-Lexical Phonology)

(Mohanan (1982))

　この枠組みによって，単語の語末（音節末）で現れる英語の暗い [L] (dark-L) と単語の語頭（音節の始め）で現れる明るい [l] (clear-l) の分布を，うまく説明できる。以下の表において，層2で派生される複合語の最初の要素である単語の音節末の [l] が次の単語の音節の始めに移動して，明るい [l] が現れる一方，後語彙音韻論レベルで現れる名詞句の最初から2番目の単語の音節末で，暗い [L] が現れることを的確に説明することができる（(9)(10) を参照のこと）。

(9)　明るい [l] (clear-l)　　　　　暗い [L] (dark-L)

　　　loop [luwp]　　　　　　　　pool [puwL]

　　　lope [lowp]　　　　　　　　pole [powL]

　　　lake [leyk]　　　　　　　　kale [keyL]

　　　leap [liyp]　　　　　　　　peal [piyL]

(Sainz (1992))

(10)　層2

　　　複合語化：　wha[l]e.di.tion

　　　l-再音節化：wha.[l]e.di.tion

(Sainz (1992))

　　　後語彙音韻論

　　　名詞句連鎖：the. wha[l]. and. the. shark

　　　l-軟口蓋化：the. Wha[L]. and. the. shark

(Sainz (1992))

　さらに，この階層構造から，層3の複合語の外側に，クラスI
接辞，クラスII接辞が生じないことがわかり，さらに，複合語
の外側に層4の屈折接辞が生じ，内側には決して生じないこと
がわかる。したがって，以下に示されるような順序付けを守らな
い派生語は認められないことになる。

(11) a. *event-less-ity ([X]＋II＋I)

　　　　 *employ-ment-al ([X]＋II＋I)

　　 b. *in-[book-ish] (I＋[X＋II])

　　　　 *in-[though-ful] (I＋[X＋II])

　　 c. *un-[color-blind] (II＋[X＋Y])

　　　　 *un-[shock-resistant] (II＋[X＋Y])

　　 d. *[hand-s towel] ([X＋s＋Y])

　　　　 *[flie-s paper] ([X＋s＋Y])

　さらに，この語彙音韻論における階層の数については，多くの研究者によって，4層，3層，2層といった様々な案が，今日まで，提案されてきている。

　例えば，Kiparsky (1982) は3層からなる階層を提案しています。この案に従えば，(13) のようなクラス II（レベル II）接辞と複合語の付加が同じレベル2の内部で行われるということから，(13) のようにレベル II 接辞 un- の付加と複合語過程の順序が正しく予測でき，適切な説明が可能となる。

(12)　レベル1：クラス I 接辞付加，不規則的屈折接辞付加

　　　レベル2：クラス II 接辞付加，複合語形成

　　　レベル3：規則的屈折接辞付加

　　　　　　　　　　　　　　　　　　　　　　　　　　(Kiparsky (1982))

(13)　un_{II}-[self-sufficient]　　　　un_{II}-[top-heavy]

　　　　　　　　　　　　　　　　　　　　　　　　　　(Selkirk (1982))

　ちなみに，Mohanan (1982, 1986) では，このような，階層化の順序にしたがわない現象を説明するのに，(14) のような，層3から層2への「逆行 (loop)」という不自然で例外的な取り扱いを提案している。しかしながら，このような提案は非常に特殊なものですから，妥当性は高くないと考えられている。

(14)　層2（接辞付加）：re_{II}-[air condition]

　　　　　　　　　　　↑

　　　層3（複合語化）：[air condition]

5.　語彙層の数について

　ここまでの，語彙音韻論における階層の数や構造についての提

案をまとめると，概略は，以下のようになる。

(15)　Kiparsky (1982)
　　　　　レベル I ：　レベル I 接辞付加
　　　　　レベル II ：　レベル II 接辞付加・複合語化
　　　　　レベル III ：　屈折接辞付加

(16)　Mohanan (1982)，Halle and Mohanan (1985)
　　　　　層1：レベル I 接辞付加・不規則屈折接辞付加
　　　　　層2：レベル II 接辞付加
　　　　　層3：複合語化
　　　　　層4：規則屈折接辞付加

(17)　Kiparsky (1983, 1985)，Borowsky (1986)
　　　　　レベル I ：　レベル I 接辞付加
　　　　　レベル II ：　レベル II 接辞付加・複合語化・屈折接辞
　　　　　　　　　　付加

　また，(17) のような階層モデルに従えば，複合語内部に規則
屈折接辞（複数を示す接尾辞など）が生起しないという事実
((18a) と (18b) の例) を正しく予測することができる。

(18)　a.　*[hands towel]
　　　　b.　*[flies paper]

　このような事実は，複合語化を派生過程 (derivation) の1つ
と考えて，以下のような派生接辞 (derivational suffixes) と屈折
接辞 (inflectional suffixes) の付加順序の一般的傾向というもの
からも説明がなされる ((19) を参照)。

(19)　語—派生接辞付加—屈折接辞付加
　　　　*語—屈折接辞付加—派生接辞付加　　　　(Scalise (1986))

　しかしながら，実際には（20）に見られるように，複合語内部（複合語の第1要素の語尾）に複数形を表す規則屈折接辞が付加されている例が多く存在しているのも事実である。

(20)　[arm-s merchant]　　[good-s train]　　[cloth-s brush]
　　　 [park-s commissioner]　　[custom-s officer]
　　　 [saving-s bank]

　このような問題を解決するには，複合語形成過程の前にすでに，屈折接辞が付加されていると考える（[arm-s] が複合語の入力になるように）語彙化（lexicalization）やその前段階である慣用化（institutionalization）などと呼ばれる解決法が提案されている。ただ，このような方法ですべての例が解決することは不可能であると考えられている。

　したがって，このような諸問題を解決するために，Borowsky (1986) や McMahon (1992) の提案する枠組みでは，最も階層の数が少ない2層階層構造の語彙音韻論のモデルが，以下のように提案されている。

(21)　層1：クラスI接辞付加，不規則的屈折接辞付加（強勢
　　　　　　付与，母音移行，母音弛緩，母音緊張，鼻音化 …）
　　　　層2：クラスII接辞付加，複合語形成，規則的屈折接辞
　　　　　　付加（口蓋化，側音再音節化，摩擦音化 …）

(McMahon (1992))

この枠組みによれば，次に挙げるそれぞれの単語の接辞付加による強勢移動の違い（(22a) と (22b) を参照）を的確に説明することができます。すなわち，レベルIでは派生によって強勢移動が生じていますが，レベルIIでは派生が起きても強勢移動が見られません（(23a) と (23b) を参照）。また，レベルI接頭辞の in-

が単語に付加されて，鼻音同化（nasal assimilation）を起こす一
方で，レベル II 接頭辞の un- が鼻音同化の影響を受けることが
ないこともうまく説明できる（(24) と (25) を参照）。

(22) a.　átom　　　　　　　　b.　édit
　　　　atómic　　　　　　　　　　éditor

(McMahon（1992））

(23) a.　層 1：　**á**tom：　　Stress Rules（強勢付与 1）
　　　　　　　átom-ic：　-ic Affixation
　　　　　　　at**ó**mic：　Stress Rules（強勢付与 2）

　　　b.　層 1：　**é**dit：　　Stress Rules（強勢付与）
　　　　　層 2：　**é**ditor：　-or Affixation

(McMahon（1992））

(24)　クラス I 接辞とクラス II 接辞付加による鼻音同化の違い
　　　〈クラス I 接辞付加〉
　　　in＋legal → illegal
　　　in＋responsible → irresponsible
　　　〈クラス II 接辞付加〉
　　　un#lawful → *ullawful
　　　un#reliable → *urreliable

(Nespor and Vogel（2007））

(25)　語彙音韻論における鼻音同化

		im-possible	un-predictable
Lexicon		possible	predictable
Level 1	concatenation	in-possible	··············
	nasal assimilation	im-possible	··············

Level 2　concatenation　········· un-predictable

　　　　rule-application　　········· ·········

(Sheer（2011）を一部改変)

このような，2層構造の枠組みを援用することで，(18) で見られるような，複合語の内部，すなわち，複合語の第1要素に（複数を示す）規則的屈折接辞が付加されるような順序付けの仮説を破るような例外的な事実も説明可能となる。

したがって，生成文法の枠組みにしたがえば，この2層による説明は，当該言語の話者の内臓する文法の最も真実に近い記述は1つしかなく，「可能な記述のうち1つを適切な記述として選択する基準は簡潔性の尺度による」という考えにも合致するものであると考えることができる。

繰り返しになるが，(17) や (21) で提案された2層階層構造を援用すれば，(18) で挙げられたような複合語内部に（複数を示す）屈折接辞が現れる現象も問題なく説明が可能である。

6.　順序付けのパラドックス

さまざま提案に基づく語彙音韻論の枠組みの場合も，ある一部の語の音韻的・形態論的派生過程において，適切に説明できない現象が存在する。しかしながら，どのような層についての枠組みにおいても，解決できないような問題が存在する。それは，順序付けのパラドックス（ordering paradoxes）といわれるものです。このパラドックスを ungrammaticality という語の接辞付加過程による派生で見ることにする。

順序付けの仮説では，-ity はクラス I の接辞であり，un- はクラス II の接辞ですから，まず -ity による接辞付加が行われ次に，

un- が付加されることにより，(26a) のような派生が得られる。つまり，形容詞である grammatical に -ity が付加されて grammaticality という名詞が派生し，この名詞に un- が付加されて ungrammaticality が生じることになる。しかしながら，この派生だと，接頭辞 un- は形容詞に付加されなければならない，という下位範疇化の条件に違反している。そこで，このような違反を犯さないために，(26b) のように，先に un- を形容詞の grammatical に付加し，次に ungrammatical となった形容詞に -ity を付加して ungrammaticality を形成するとする。

　しかし，このような派生にすると，クラス II 接頭辞の un- が，クラス I 接尾辞の -ity よりも，先に付加されることにより，順序付けの仮説に従わないことになり，このような現象を順序付けのパラドックスと呼ぶ。

(26)　a.　[un [[grammatical]$_A$ ity]$_N$]$_N$
　　　b.　[[un$_{II}$ [grammatical]$_A$]$_A$ ity$_I$]$_N$

(西原 (1994a, b))

また，unhappier という語では，音韻的には，-er は 3 音節語には付加されないので，(27a) のような構造を持っていると考えられる。つまり，happy に -er が付加されて happier が作られ，この happier に接頭辞 un- が付加されて unhappier が生じている。しかしながら，意味的には unhappier は "not more happy" ではなく "more not happy" という意味になるので，(27b) のような構造を持っていると考えられる。要するに，形容詞 happy に un- がまず付加されて unhappy が生じ，次にこの unhappy に -er が付加されていると解釈される。

(27) a.　[un [[happy]_A er]_A]_A　　b.　[[un [happy]_A]_A er]_A
　　　（音韻論的構造）　　　　　　（意味論的構造）

これらの例は，正確には順序付けの仮説に対しての例外ではない。しかしながら，2つの条件を同時に満たすことができないという点から，順序付けの仮説のパラドックスの1例として取り扱われるのが一般的である。

　このように形態構造と音韻構造の不一致となる現象は，以下に挙げるようなオランダ語の語形成過程においても，同様に見られる。

(28)　〈単数形〉　　〈音声形式〉　　〈複数形〉　〈音声形式〉
　　a.　hoed "hat"　　[hut]　　　　hoed-en　[hudən]
　　b.　poes "cat"　　[pus]　　　　poes-en　[puzən]

(28) の例では，hoed が -d で終わっていますが無声子音 [t] になっている。poes も同じで，-s で終わっているのですが，音声としては無声子音 [s] となる。これは，オランダ語では，音節末で子音の無声化規則が適用されることになり，単数形の綴り字が有声音を示す単語であっても，語末子音が無声(化)であると説明できる。この事実を形式化すると (29) のようになる。

(29)　音節末無声化規則 (syllable-final devoicing)
　　　C → [− voice] / ___) σ

しかしながら，複数形では，この音節末無声化規則が適用されずに有声音になっていることが，(28) から確認されます。つまり，

hoed, poes に複数形の -en が付加されると，語末の -d および -s はそれぞれ，[d], [z] と有声化している。したがって，この現象は以下のような派生過程を持っていると考えられる。

(30)　　　　　　　　　　　　　　〈単数形〉〈複数形〉

　　　　step 1: morphology　　　　hud　　hud-ən

　　　　step 2: syllabification　　(hud)σ　(hu)σ(dən)σ

　　　　step 3: syllable-final devoicing　(hut)σ　no applicable

　　　　　　　　　　　　　　　　　　　　(Booij (2012))

単数形の step 2 では，音節末尾子音となった有声子音 [d] は，step 3 で，音節末無声化規則の適用によって無声音の [t] に変えられることがわかる。

　一方，複数形の場合は，step 2 の再音節化によって，音節末子音であった "d" が次の音節の語頭子音となったために，音節末無声化規則が適用されずに，有声子音 [d] が維持されたままの形が得られることになる。

　そして，このような例で見られる形態構造と音韻構造の不一致という現象が起きる過程は，次のように図示することができる。

(31)

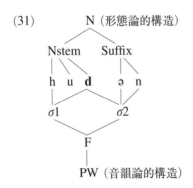

(Booij (2012) を一部改変)

（31）からは，太字の [**d**] が，形態論的構造では，最初の単語（要素：N-stem）の最後の形態素の位置にある一方，音韻的構造では，2つ目の音節（σ2）の最初の分節音（頭子音）の位置にきていることが明確に表示されており，形態構造と音韻構造の不一致が起きていることを的確に確認できる。

7.　英語のリズムルールと音律範疇の形成

　次に，英語の強勢の衝突を避けるための音韻規則として，有名なリズム規則（Rhythm Rule: RR）が挙げられる。例えば，thirtéen mén → thírteen mén（W S S → S W S）のように，本来の強勢が別の位置に移動する変化は，英語に好ましい強弱リズム（SW）を作り出すものであり，この規則は様々な観点から，その規則適用の有無が説明されてきている。

　例えば，Hayes（1989）では，同じ名詞句内にある [Chinése díshes]$_{NP}$ は RR が適用されて [Chínese díshes]$_{NP}$ となるが，異なる名詞句に属する [Chinése]$_{NP}$ [díshes]$_{NP}$ は RR が適用されることはないと，統語的観点からの説明が可能であるとしながらも，音律音韻論では，先に述べた統語情報をもとにして構築される音律範疇（Prosodic Categories）の1つである音韻句（Phonological Phrase: PP）によっても，的確に説明が可能であるとしている。この場合，前者の構造は1つの PP に属しているために RR が適用されるとしているが（Chínese díshes）PP，一方，後者は異なった PP に属していることから（(Chinése) PP (díshes) PP），その音韻適用が阻止されていると説明できる。

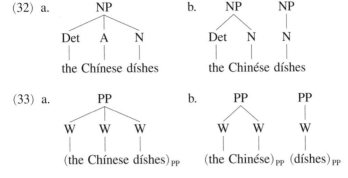

そして，Hammond（1999）はこれらの RR の漸次的適用（条件を満たしていても規則適用を，受けやすいものとそうでないものが併存すること）を，先行する語（第一要素）の使用頻度の観点から，説明をしている。すなわち，先行する語が使用頻度の高い語である時，RR が適用しやすく（ántique book），一方，使用頻度の低い語の場合は（arcáne book），RR が適用されにくくなると指摘できる。

　したがって，RR の適用範囲である PP の発話速度による再構築の観点から説明を行ことができる。すなわち，上記で述べた使用頻度の高い先行語と後続語の間の休止の長さは短く，使用頻度の低い先行語と後続語の間の休止は長くなるという観点から，(34a) は 1 つの PP を構成（ántique book）ₚₚ するが，(34b) は 2 つの PP を構成（arcáne）ₚₚ（book）ₚₚ していると考えることによって，RR の適用の有無の漸次性を的確に説明できる。

　(34)　a.　使用頻度大（休止が短い）：(ántique book)ₚₚ
　　　　b.　使用頻度小（休止が長い）：(arcáne)ₚₚ (book)ₚₚ

英語のリズム規則においても，その規則適用の度合いは，英語のリズム特有の「等時性」とは関係なく，実際に発話に関わる「物

理的時間」が関与していると，Hayes（1984）で，以下（35）の
ように述べられている（太字は筆者によるもの）。

(35) Hayes also suggests in appendix that the spacing re-
quirement of eurhythmy counts not syllables but **actual
time**.
(Hayes (1984))

また，Kaisse（1990）でも，同様の主張がなされており，（36）
のような図示が行われており，実際に強勢と強勢の間の時間が長
い単語連続ほど，RR の適用率は低くなる（太字は筆者によるもの）。

(36) Rhythm Rule in English（英語のリズム規則）
a. Tennessée abbreviátions (adjustment least likely：適用率小)
b. Tennessée legislátion
c. Tennessée connéctions
d. Tennessée rélatives (adjustment most likely：適用率大)
(Kaisse (1990))

8. 英語の口蓋化と音律範疇の形成

次に挙げる音韻範疇は，統語論における名詞句（句構造）とほ
ぼ同じ構造が対応している音韻句（Phonological Phrase: PP）と
音韻語（Phonological Word: PW）の間に位置する接語グループ
（Clitic Group: CG）である。この接語グループを音韻規則の適
用領域とする音韻規則は英語の口蓋化規則（English Palataliza-
tion）が挙げられる。この英語の口蓋化規則は，後語彙部門[1]に
おいてはその適用領域を接語グループとしており，語彙部門にお

---

[1] 語越えた句や文を扱う部門。

いては音韻句より小さな単語レベルに対応している音韻範疇である音韻語 (Phonological Word: PW) でも適用領域となっている。

　しかし，語彙部門においては音韻句においての英語の口蓋化規則の適用は，範疇的 (categorical) であり，このことは，この音韻規則の適用が有るか，無いかの明確な区別が存在することを示している。一方，後語彙部門における英語の口蓋化規則の適用は漸次的 (gradient) であり，これは音韻規則の適用結果が完全なものから不完全なものまでの段階的に現れるということを示唆している。

(37)　英語の口蓋化規則 (English Palatalization)

　　　　[s] → [ʃ]/[＿＿[j]]$_{CG}$

　　　　Domain: Clitic Group (CG：接語グループ)

(38)　　　〈語彙部門〉　　　　　　　　〈後語彙部門〉

　　a.　[[mission]$_{PW}$　　　　　b.　[miss you]$_{CG}$

　　　　[s] [j] → [ʃ]　　　　　　　　[s] [j] → [ʃ]

　　　　[s] [j] → [s] [j]

　　　　適用形式：範疇的 (絶対的)　　漸次的 (段階的)

また，Bush (2001) でも，以下に見られるように，使用頻度の低い (38a) の場合には，2 語にまたがる口蓋化 (palatalization) が適用されず，使用頻度の高い (38b) の例では適用されていると指摘している。つまり，口蓋化が適用される条件は (40) のようにまとめることができる。

(39) a.　… they didn't talk goo[d] [y]ou know.

　　　　　　　　([d] [j]) CG → [dj] (口蓋化が適用されない)

　　 b.　would[d] [y]ou like me to teach you how to swim?

　　　　　　　　([d] [j] → [dʒ]) CG (口蓋化が適用される)

(40)　[W]ord boundary palatalization is more likely between two words if these words occur together with high frequency.

（2 つの語が併用される頻度が高いと口蓋化が起きやすい）

(Bush (2001))

この Bush（2001）の指摘は使用頻度に基づく，口蓋化規則適用の度合いの違いを説明する一方，発話速度の違いによって，形成される接語グループ（CG）の領域の相違に基づいて，的確に説明することが可能であり，（41）に示す口蓋化の現象は（42）のように定式化することが可能である（Φは休止を示す）。

(41)　a.　Low frequency（使用頻度が低い）：[d] [j] → [dj]

$(good)_{PW}$ Φ $(you)_{PW}$ → $(good)_{CG}$ $(you)_{CG}$

　　b.　High frequency（使用頻度が高い）：[d] [j] → [dʒ]

$(Would)_{PW}$ $(you)_{PW}$ → $(Would\ you)_{CG}$

(42)　a.　Obligatory palatalization（義務的口蓋化）： Internal Words（語内部）

　　b.　Optional palatalization I（随意的口蓋化：語を越えた領域）： High frequency（高い頻度）→ applied（規則適用）

　　c.　Optional palatalization II（随意的口蓋化：語を越えた領域）： Low frequency（低い頻度）→ not applied（規則不適用）

このような使用頻度の観点からは，以下に挙げるような個別の語の内部における音韻変化にも大きな影響を及ぼしていると言える。まず，アメリカ英語で見られる弾音化（flapping）という現象でも，次のように使用頻度の高い語ほど，その適用率が，使用

頻度の低いものより，高いといえる。

(43)　弾音化 (flapping)
　　　使用頻度＝高い＝適用率大　　　使用頻度＝低い＝適用率小
　　　vani[D]y　　　　　　　　　　　ami[t]y, ami[D]y
　　　encoun[D]er　　　　　　　　　 enchan[t]er, enchan[D]er

また，音韻変化を受けやすい語は，構造の複雑でない単純語の方が，構造的に複雑な合成語（派生語）よりも受けやすいとされている。

(44)　弾音化 (flapping)
　　　単純語（単一形態素：water）　派生語（複雑：dirt＋y）
　　　wa[D]er　　　　　　　　　　　 dir[D]y, dir[t]y

さらに，これも英語の音韻現象である，弱母音脱落 (schwa vowel reduction/schwa deletion) でも，使用頻度に基づき，脱落の有無や割合が異なっているのもの事実である。すなわち，使用頻度の高い語では，弱母音脱落が生起しやすい一方，使用頻度の低い語では，脱落は起きにくい，説明される。

(45)　弱母音脱落 (schwa deletion)
　　　使用頻度＝高い＝適用率大　　　使用頻度＝低い＝適用率小
　　　gen[e]r[a]l　　　　　　　　　　ephem[e]r[a]l
　　　diam[o]nd　　　　　　　　　　 di[a]lect
　　　mem[o]ry　　　　　　　　　　 mamm[a]ry
　　　([ə] → φ)　　　　　　　　　　 ([ə] > φ)

9. 音韻語形成の役割

また，音律音韻論における音律範疇の1つである音韻語（pho-nological word: PW）も語形成における派生過程で重要な役割をしている。

この音韻語の役割とその形成については，Booij and Rubach (1984) においても類似した提案がなされている。彼らによれば，クラス I 接辞はこう着接辞（cohering affixes）とよばれ，前の音韻語に吸着されて，1つの音韻語になる。一方，クラス II 接辞は非こう着接辞（non-cohering affixes）とよばれ，前の音韻語とは独立して，新たな音韻語を形成するとされている。これらの特徴を示した語の派生過程は (46) のように表示されることになる。

(46) a. クラス I こう着接辞 (cohering affixes): -ity

　　 b. クラス II 非こう着接辞 (non-chohering affixes): un-

　　 c. (un)$_{PW}$ (grammatical-ity)$_{PW}$

　　　　　　　　　　　　　　　　　(Booij and Rubach (1984))

さらに，(46) にみられるように，Szpyra (1989) においても，同じように，クラス I 接辞とクラス II 接辞の違いが，定義され，定式化なされている。その働きと機能は，Booij and Rubach (1984) とほぼ同じものであり，クラス I 接辞は，語基などと融合して1つのクラス I 接辞語を形成しているが，クラス II 接辞は，語基などとは独立して，単独で2つ目の音韻語を形成することになることを示唆している。例えば，(48) の例でいえば，クラス I 接尾辞の -ity は pure と音韻語を形成して派生しているが，クラス II 接頭辞の un- は natural と音韻語を形成しないため，un- も natural もそれぞれ独立した音韻語となっていることを示している。

(47)　　Suffixes　　　Prefixes
　　a.　Class I　　　＋ X　　　X ＋
　　　　Class II　　[＋ X]　　[X ＋]
　　b.　[　]→([　]) PW

(Szpyra (1989))

(48)　purity　　　→　(purity)_{PW}
　　　unnatural　→　(un)_{PW} (natural)_{PW}
　　　musician　→　(musician)_{PW}
　　　bombing　→　(bomb)_{PW} (ing)_{PW}
　　　hindrance →　(hindrance)_{PW}
　　　hinderer　→　(hinder)_{PW} (er)_{PW}

(Szpyra (1989))

したがって，上記の枠組みよって，ungrammaticality という語
は (49) のような音韻語から構成されることになる。

(49)　Lexicon　　(grammatical)_{PW}
　　　Class I　　(grammatical＋ity)_{PW}
　　　Class II　　(un)_{PW} (grammatical＋ity)_{PW}

　そしてまた，(50) (51) のように定義することによって，英
語の失語症患者にみられるその他の脱落要素についても，説明を
試みてみてみると，音韻語の存在の妥当性が明らかになる。

(50)　… function words, like the plural marker -s and the
　　　nominalization suffixes -ness and -ing, are not phono-
　　　logical words.
　　　（複数形の -s のような機能語や名詞を作り出す -ness や -ing は
　　　音韻語ではない）

(Kean (1977))

(51) Items which are not phonological words tend to be omitted in the language of Broca's aphasics.

（音韻語ではない要素は，ブローカ失語症患者の言語において，削除される傾向がある）

(Kean (1977))

上記の定義（や Kean (1977)）に従って，英語の失語症患者の脱落要素である，音韻語の外側に位置する機能語である屈折接尾辞や冠詞などの脱落も的確に説明することができる。つまり，(52) に示したように，look および book のみで音韻語を形成するため，屈折接尾辞の -s，-ing，-ed そして定冠詞の the が脱落してしまうという事実をうまく説明できることになる。

(52) a.　[# [# look #] s #] → (look)_{PW} (s)

　　 b.　[# [# look #] ing #] → (look)_{PW} (~~ing~~)

　　 c.　[# the [# book #] #] → (~~the~~) (book)_{PW}

　　 d.　[# [# look #] ed #] → (look)_{PW} (~~ed~~)

10.　生成音韻論と語形成過程

次に，生成音韻論における，代表的な音変化の現象の説明例として，英語の軟口蓋閉鎖音（velar stop: [g]）と軟口蓋鼻音（velar nasal: [ŋ]）の生起状況が，生成音韻論の規則の適用によって的確に説明できることを示す。英語の単語の違いによる軟口蓋閉鎖音（velar stop: [g]）と軟口蓋鼻音（velar nasal: [ŋ]）の生起状況の違いは (3) に見られるような違いがある。

(53) a.　finger [fi[ŋ][g]ər]

　　 b.　singer [si[ŋ]ər]

　　c.　longer [lɔ[ŋ][g]ər]

これら 3 つの単語における発音の違いは，以下に挙げる 2 つの音韻規則の適切な順序付けによって，的確に説明される。音韻規則 (I) は軟口閉鎖音 [g] の直前にある歯茎鼻腔閉鎖音 [n] を軟口蓋鼻音 [ŋ] に変えるもので，音韻規則 (II) は語末 (# は語末を示す記号です) における軟口閉鎖音 [g] を脱落させる音韻規則である。

(54)　　(I)　[n] → [ŋ] / ＿＿[g]
　　　　(II)　[g] → [ɸ] / [ŋ]＿＿#

これらの音韻規則が，(I) (II) の適用順序において，以下に示す基底表示 (綴り字発音に近いもの) に適用されることになる。なぜなら，本来，英語の発音は古期英語 (Old English: OE) の時代には綴り字と音が基本的には 1 対 1 の対応をしており，(53) で挙げられたそれぞれの単語は以下のような基底表示を持っていると考えられるからである (＋ は形態素の境界を示す)。

(55)　a.　singer [sing # ər]　　　　cf. X X X X "sing"
　　　b.　finger [fingər]　　　　　　　 | | | |
　　　c.　longer [lɔng + ər]　　　　　 s i n g

(55) に挙げられた基底表示に音韻規則が適用させられると以下のような派生が行われることになる。

(56) a.　singer　b.　finger　c.　longer

　　　　[siŋ#ər]　　　[fiŋgər]　　　[lɔŋg+ər]　（UR：基底表示）

　　　　[siŋg#ər]　　[fiŋgər]　　　[lɔŋg+ər]（Ⅰ）[n]→[ŋ] /＿[g]

　　　　[siŋ#ər]　　　[fiŋgər]　　　[lɔŋg+ər]（Ⅱ）[g]→[φ] /[ŋ]＿#

　　　　[siŋər]　　　[fiŋgər]　　　[lɔŋgər]　（PR：音声表示）

（56）からは，語境界を持つ（56a）では，音韻規則（Ⅱ）の適用によって，軟口蓋閉鎖音 [g] が削除されて，音声表示が得られるが，（56b）（56c）では，それぞれ語境界のないことや，形態素境界の存在によって，音韻規則（Ⅱ）の適用が阻止されることになり，軟口蓋閉鎖音 [g] は削除されずに音声表示に残ることになると説明される。

　上記で述べられた形態素境界（＋）は生成音韻論の派生で重要な役割をしており，以下のような音韻規則である，軟口蓋軟音化規則（velar softening）の適用の有無についても，その説明に関わっている。

(57)　[k] → [s] /＿＿＋i　([k] → [s] /＿＿{ity, ism, ify, ize})

　　　　　　　　　　　　　　　　　　　　　　　　　　（Hyman（1975））

したがって，この音韻規則の適用は，以下のような例において，適用されて，音声変化が生じていることが確認することができる。

(58)　[k] → [s]

　　　a.　electric [k]：　electri[s]＋ity　"electricity"

　　　b.　critic [k]：　　criti[s]＋ism　"criticism"

　　　　　　　　　　　　　　　　　　　　　　　　　　（Hyman（1975））

また，形態素境界（＋）を持たないような，次にあげられるよう

な語は，軟口蓋軟音化規則（velar softening）の適用を受けない
と説明されることが示される例である（* は不適格であることを
示す）。

(59) a.　[k]ill, [k]ey, [k]it, [k]ite → *[s]

　　　b.　spoo[k]#y, haw[k]#ish, pac[k]#ing → *[s]

　　　　　　　　　　　　　　　　　　　　　　　　(Hyman (1975))

また，単語の最後に接尾辞という要素が，新たに付加されるとも
との単語の発音が変化する場合もある。以下の例では，接尾辞
(-dom，-th や -ity など) が付加された後に，もとの単語の母音
が二重母音から単母音に変化している事実や，その他の接尾辞
(-ic，-ity，ian) などが付加されるとそれらの単語の強勢の位置
が移動することが示されている。

(60) a.　wise [waiz] → wis-dom [wiz-dəm]

　　　b.　wide [waid] → wid-th [wid-θ]

　　　c.　divine [divain] → divin-ity [divin-əti]

　　　d.　ac[á]demy + ic → acad[é]mic

　　　e.　n[á]tional + ity → nation[á]lity

　　　f.　[Í]taly + ian → It[á]lian

11.　連濁と形態構造

　2つの単語の連続し複合（複合語化）する時，前部構成要素の
単語の末尾の音声の影響によって，後部要素となる単語の語頭音
が濁音化する現象のことを連濁（Rendaku）と言う。

(61) a.　iro + kam → iro + [g]ami

　　　b.　yu + toofu → yu + [d]oofu

そこで，この連濁を形態構造に基づいて規則化すると次のように
なる（ここでの [＋voice] は濁音を示す）。

(62) 連濁 (Rendaku: Sequential Voicing Rule (Rendaku for-
mulation here adapted from Otsu (1980)))

C → [＋voice]/　]＋[＿X]

Condition: X does not contain [＋voice, −son]

しかしながら，複合語の後部要素にすでに濁音が存在する時に
は，この連濁化は，以下のように阻止されることになる。

(63) a.　[kami]＋[kaze]　 → [kami＋*[g]aze]

b.　[doku]＋[tokage] → [doku＋*[d]okage]

この現象は次のように定義される Lyman's Law（ライマンの法則）
によって説明される。

(64) Lyman's Law（ライマンの法則）: Blocking of sequential
voicing in stems containing voiced obstruents (Lyman's
Law, OCP on [＋voice, −son])

また，複合語でも，以下の (65)–(67) で，見られるような並列
複合語では，連濁は生起しない。

(65) a.　ヤマガワ（山川＝山にある川）　　　 → [　　　]Wd

b.　ヤマカワ（山川＝山と川）　　　　 → [　]Wd [　]Wd

(66) a.　アテナガキ（宛名書き）　　　　 → [　　　]Wd

b.　ヨミカキ（読み書き＝読みと書き）→ [　]Wd [　]Wd

(67) a.　オビレ（尾鰭＝尾の鰭）　　　　 → [　　　]Wd

b.　オヒレ（尾鰭＝尾と鰭）　　　　 → [　]Wd [　]Wd

（窪薗（1995））

さらに，この連濁は日本語の中の，和語（Native Japanese: NJ）のみに適用され，漢語（Sino-Japanese: SJ）や外来語（Foreign Word: FW）では適用されないと一般的には主張されている。そこで，この適用状況をうまく説明するために日本語の単語が次のように階層化されており，一番深い層に位置する和語のみに適用されている。

(68)　日本語の単語階層
　　　[外来語（FW）]
　　　　　|
　　　[漢語（SJ）]
　　　　　|
　　　[和語（NJ）]
　　　a.　[biwa] + [ko] → [biwa + *[g]o]（琵琶湖：漢語）
　　　b.　[rein] + [kooto] → [rein + *[g]ooto]（レイン・コート：外来語）

このように，和語や外来語では基本的には連濁が生じないことから，(69) の定式は次のように修正されることになる。

(69)　連濁（Rendaku: Sequential Voicing Rule (Rendaku formulation here adapted from Otsu (1980)))
　　　C → [+ voice]/　] + [__ X]
　　　Condition: X does not contain [+ voice, -son]/[__ X] is NJ

上記のように定式化すれば，連濁が和語のみに適用され，漢語，外来語では，適用されないことが明確に示すことが可能となる。

(70)　a.　[yu] + [toofu] → [yu + [d]oofu]$_{NJ}$（湯どうふ：和語）

b. [biwa] + [ko] → [biwa + *[g]o]$_{SJ}$（琵琶湖：漢語）

c. [rein] + [kooto] → [rein + *[g]ooto]$_{FW}$（レイン・コート：外来語）

しかし，実際には，連濁の適用は，上記で示された日本語の語彙階層において絶対的に適用されるものではなく，以下のような適用率における相違というものが存在する。

(71) NJ（87%）＞ SJ（10 ～ 20%）＞ FW（0 または例外的に適用）

（Irwin（2011））

漢語の一部（間（けん）→人間（にん<u>げ</u>ん），徳（とく）→ 功徳（く<u>ど</u>く））や外来語においては，連濁が適用されている場合がある。特に江戸時代などに借用された外来語は，以下に挙げるような外来語においても連濁が生じる場合があり，これは本来は外来語であった語が長い歴史を経ることによって現代においてはもうすでに日本人にとっては外来語とは感じることがなくなり，(68)における外来語の層から和語の層へと移動したと考えることによってうまく説明することが可能となる。

(72) a. ama + [kappa]$_{FW}$ →
         ama + [[g]appa]$_{NJ}$（外来語（ポルトガル語）：FW→NJ）

    b. kuwae + [kiseru]$_{FW}$ →
         kuwae + [[g]iseru]$_{NJ}$（外来語（カンボジア語）：FW→NJ）

このような，外来語の層から，和語の層への移行というものも，日本語における形態構造の範疇の再構築と考えることができる。

(73) 日本の語彙層の再構築

[外来語（FW）]

↓

[和語（NJ）]

これらの形態構造の範疇が，(74) のような例では史的な変遷を経ることによって，再範疇化が起きることによって，連濁が本来外来語であるような場合にも適用されると考えられる。しかしながら，昭和時代以降に借用された外来語では，連濁が決して起きていないことにも注意しなければならない。

(74) a. [ama] + [kappa]$_{FW}$ → [ama + [g]appa]$_{NJ}$

　　 b. [kuwae] + [kiseru]$_{FW}$ → [kuwae + [g]iseru]$_{NJ}$

　　 c. [garasu]$_{FW}$ + [keesu]$_{FW}$ → [garasu + *[g]eesu]$_{FW}$（昭和借用）

さらに，この連濁現象は，日本人の苗字の発音とも関わっており，苗字の前部要素の濁音がある場合は，後部要素で濁音化が阻止されことになり，そうでない場合は，後部要素の発音にはゆれ（清音か濁音のいずれか）が見られる。

(75) a. [si**b**a] + [ta] / *[da]　　　（柴田）

　　 b. [na**g**a] + [sima] / *[zima]　　（長嶋）

　　 c. [si**m**a] + [ta] / [da]　　　（島田）

　　 d. [na**k**a] + [sima] / [zima]　　（中島）

第4章　意味論

　本章では，言語学の中の一分野である「意味論（semantics）」について概説する。意味論では，語句や文が表す複数の意味同士の関係や，別の語句・文との意味関係を扱う。ことばは人間が使用するものであり，その意味を使用する発話者の役割も大いに関わってくることにも言及する。

　第1節では言語表現間に見られる意味の関係性を概観する。同義，反義，意味の上下関係，含意といった，表現同士の関係の基本について解説し，それが我々の認識や世界知識，文脈によって影響を受けることも観察する。

　第2節では同一の言語表現内部での意味関係について扱う。表現が表す意味の範囲はプロトタイプカテゴリーを形成していること，またその意味カテゴリーが拡張する際にメタファー，メトニミー，シネクドキ，主体化といった概念上の操作が関わっていることを示す。

　第3節では語の意味を得るのに背景知識が不可欠であるとする考え方を導入する。百科事典的知識やフレームといった概念がことばの意味の真の理解に必要となってくることを示す。

　第 4 節では，異なる言語における表現化，語彙化のパターンの違いについての研究を概説し，対照言語学的な発想に役立つ意味論的概念について解説する。

1.　言語表現間の意味関係

1.1.　同義

　似た意味を表す言語表現（語・句・文）を**同義表現**（**synonym**）という。以下はその例である。

(1) a.　say vs. speak（言う，話す）

　　b.　lazy vs. laid back（のんびりと何もしない）

　　c.　John gave Mary a book. vs. John gave a book to Mary.（John は Mary に本をあげた）

　　d.　I found Bill a nuisance. vs. I found that Bill was a nuisance.（私は Bill が迷惑だと気づいた）

　何を同義とみなすかについては，大きく 2 つの立場がある。1 つは，表現に対応する状況が同じであれば同義だとする「客観主義的意味観（objectivism）」であり，もう 1 つは，状況は同じでも捉え方が異なるので厳密には同義とは言えない，とする「認知主義的意味観（cognitivism）」という立場である。

　客観主義的意味観では，語や文の意味を現実世界での指示対象だとみなす。Susan が髪の長い少女（the long-haired girl）であれば，(2a, b) は現実世界で同じ状況を表す同義表現となる。

(2) a.　John wants to marry the long-haired girl.

　　b.　John wants to marry Susan.

　しかし同一指示だから同義だとは言い切れない。「明けの明星

(the morning star)」と「宵の明星 (the evening star)」は，どちらも同一物の金星を指すが，単純な入れ替えはできない。

(3) a. 夜明けに明けの明星を見た (I saw the morning star in the dawn.)

　　b. # 夜明けに宵の明星を見た (#I saw the evening star in the dawn.)

(3b) が奇妙なのは，「宵の明星」が夕刻に限定して見えるものを捉えた表現だからである。言語表現が異なると捉え方が異なる。この発想は認知主義的意味観の元になっている。

1.2. 反義

　反対，逆の意味を表す語を**反義語 (antonym)** と言う。この「反対，逆」には，厳密には次のように異なる反義関係が存在する。

　A) 矛盾 (contradictory)：ある尺度を互いに排他的に2つに分割する関係にある場合を言う。alive / dead や odd / even，既婚 / 未婚や合格 / 不合格などがこれにあたる。二者間には中間のグレーゾーンが存在せず，片方を否定すると必ずもう片方の値が返ってくる二律背反的なもの ((4)) で，両者は両立しない ((5))。

(4) a. He is alive. (= He is not dead.)

　　b. 彼は合格した (= 不合格ではなかった)。

(5) a. *My pet was dead but luckily it's still alive.

　　b. *私は去年の入試で合格だったが，不運にも不合格になった。

しかし，この客観主義的な定義に合わないケースもある。

(6)　試験やレポートが立て込んでいて，先週からずっと死ん
　　　でいるよ。でも何とか生きてる。

(6) は確かにインフォーマルで特殊だが，実際にあり得る使い方
である。ここからうかがえるのは，意味が客観主義的な想定以上
に複雑な成り立ちをもつことである。矛盾関係を成す意味は確か
にこの語の意味の**典型**（**プロトタイプ**）ではあるが，それ以外の
周辺的かつ特殊な意味やその語の使い方も存在している。つまり
語の意味は，1 つの形式に複数の意味が対応する**多義**を形成する
複合的なプロトタイプカテゴリーを成しているのである。[1]

　B) 反対（**contrary**）：1 つの尺度上の両極を表す関係にあるペ
アを言う（例：interesting / boring, happy / unhappy, hot / cold,
近い / 遠い，高い / 低いなど）。これらは近さ・高さといった尺度
に段階性・中間値がある表現であり，片方を否定してももう片方
の意味にはならない（not happy ≒ unhappy）。また程度性をもつ
表現のため比較級や最上級表現が自然に用いられる。

(7) a.　He is not happy but not unhappy.
　　 b.　彼は背が高くもないが低くもない。
　　 c.　He is happier. / 彼はこれまでで一番幸せだ。

反対関係にある語には，その位置づけに不均衡が見られる。通常
の中立的な想定で使われる**無標**（**unmarked**）メンバーと，使用状
況や分布が限られ，特殊な想定を必要とする**有標**（**marked**）メ
ンバーに分けられる。例えば，How old is he? はお年寄りにも
幼児にも使えるため，old は無標とみなされる一方，How young
is he? は相手の若さを前提にどの程度若いかを尋ねる特別な場面

---

[1] プロトタイプや多義については 3 節を参照のこと。

に限定されるため，young は有標とみなされる。このように，反対関係の対立は使用条件上その位置づけに差がみられる。

C）相互的反義：何らかの背景的知識を踏まえて初めて対立が成立するペアをいう。例えば，above / below（上 / 下），in / out（中 / 外），push / pull（押す / 引く），ascend / descend（上がる / 降りる）は，二者間に前提とされる方向的・空間的位置づけにおいて互いに対を成す。また，ancestor / descendant（先祖 / 子孫），parents / children（親 / 子），teacher / student（先生 / 生徒）などは，互いの存在を前提として自らを規定しあう関係にある（子や生徒がいなければ親や教師は成立しないし，その逆も真）。この点で，相互的反義は互いに依存的であり，片方だけでは決して成り立たない。

また，反義が背景的な知識を前提とする他の例として，色の対立が挙げられる。白の逆の色は，運動会の文脈であれば赤となるが，碁の文脈では黒となる。また慶弔などの文脈では黒と赤が対立する反義となりうる。このように，反義関係を決定づけるものは対象物そのものの性質というよりもそれをどのように私たちが用いているかという文脈によって相対的に変わりうるのである。

1.3. 意味の上下関係

包摂性（**hyponymy**）とは，二つの語の間に概念レベルでの包括関係が成立するものである。「動物」は「イヌ」「ネコ」を包括する一般的概念であり，これを**上位語**（**hypernym**），逆に「イヌ」は「動物」を具体化した特殊概念であり，「動物」の**下位語**（**hyponym**）とみなされる。

包摂関係は相対的であり，重層的な階層性（taxonomy）をなす。

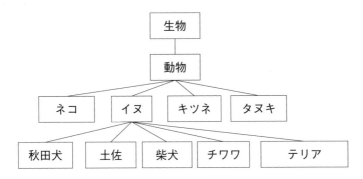

このため，〈イヌ〉は〈秋田犬〉の上位語だが，同時に〈動物〉の下位語でもあることになる。

　この階層性それぞれのレベルの位置づけは均等ではない。階層性のおおよそ中間地点には，**基本レベル**（**basic level**）と呼ばれる，認知や習得がしやすく高頻度で使用され情報量も多い，一般になじみの深いレベルが存在する。上記の包摂関係ではネコ，イヌのレベルがこの基本レベルにあたる。このレベルの語は造語を生み出しやすく，「犬かき」は言えるが＊土佐犬かき・＊動物かきは言えないし，「犬死に」とは言うが「＊チワワ死に」とも言わない。この基本レベルは階層性の中での典型であるプロトタイプを形成している。このように私たちの意味の認識は常に均一なのではなく，目立つもの，使用しやすいものを中心として形成されていくのである。

1.4.　含意

　ある語 A が成立すればある語 B が必ず成立する時，「A は B を含意する（A → B)」と言い，この関係を（**意味論的**）**含意**（**entailment**）と呼ぶ。例えば「父（father）」は male parent（男親）のことを表すので，父と言えば必ず親（parent）であること

が意味的に成立する。この時「父」は「親」を含意する（「父」→「親」）といえる。一方「親」は「父」を含意するとは言えず，逆は成り立たない（「親」は「母」かもしれないため）。

含意関係は様々な語で生じる。例えば，英語で次に挙げる動詞を用いると，その事態の結果の達成が含意される。

> (8) a. He killed the mosquito.（含意：The mosquito died.）
>
> b. I burned the garbage（含意：The garbage burned.）
>
> c. He persuaded Mary to take the examination.（含意 He succeeded the persuasion: Mary took the exam.）

英語では kill が die を，burn（燃やす）が burn（燃える）を，persuade は説得の結果 to 不定詞の事態が実行されることを，それぞれ意味に含む。その証拠として，その含意を否定はできない。

> (9) a. *He killed the mosquito, but it didn't die.
>
> b. *I burned the garbage, but it didn't burn.
>
> c. *He persuaded Mary to take the exam, but she didn't take it.

しかし含意が成立するか否かには，言語により差がある。日本語の一般的傾向として，事態の結果の達成という含意は必ずしも成立せず，多くはキャンセル可能である（池上（1980））。

> (10) a.??蚊を殺したけど死ななかった。
>
> b. ?燃やしたけど，燃えなかった。
>
> c. 試験を受けるよう説得したけど説得できなかった。

この差が見られる理由は「動作を行う主体の影響力が，英語は全般に強く理解されるのに対し，日本語では弱く見積もられる（池上（1980））」からと考えられている。

　このように，事態の含意は語と語の関係として客観的論理的に完全に決定されるわけではなく，その語の使用状況や言語によって，異なりうる。語と語の間の意味の関係はこれまで客観主義的意味観のもとでの研究が主に進められてきたが，認知主義的意味観が主張する，捉え方による揺れの現象も見逃すことはできない。

1.5.　文脈との関係

　これまで見てきた意味の関係性が，文脈状況や社会についての一般的知識などの影響をうけて「創造」される側面もある。

　例えば 1.3 で見た包摂関係も現実世界では揺れが見られる。包摂関係にあれば，X（下位語）is a Y（上位語）や X（下位語）and other Ys（上位語）という言語テストをクリアする，と客観的意味論では議論されてきたが，これが包摂性を決定づける証拠だとは必ずしも言い切れない（Cruse（2002），Croft and Cruse（2004: 143））。

(11)　a.　dogs and other pets

　　　b.　dresses, bags and other presents

(11a) が可能なことから pet‒dog および present‒dress の間には包摂関係が示唆されるはずである。しかし pet の下位概念となれる dog はその一部に限られる（ドーベルマンよりチワワの方が pet になりやすい）。また (11b) で dress/bag が present の下位概念となるのも，ある特定の文脈状況（例えば贈り物としての候補群の 1 つ）とみなして初めて成立することである。とすれば，(11) の包摂関係は内在的意味に基づく安定したものではなく，X and other Ys という表現形式によって**強制**（**coerce**）された解釈であるとも言える（Cruse（2002），Croft and Cruse（2004: 143））。

つまり，自然言語においては客観的で言語表現に内在的と思われた包摂性が，新たに創造される側面もあるということになる。

反義関係も日常的使用場面での揺れが大きい。奇数・偶数のように，論理的にも安定した関係もあるが，「大きなネズミと小さなゾウ」のように，何を以て「大きい」「小さい」と判断するのか，その背景的基準が同一でない場合には，互いに反義関係を必ずしもなさない場合がある（大きなネズミよりも小さなゾウの方が大きいだろう）。「怒る」の対義語は論理的には「怒っていない」だが，日常的な文脈では「笑う」が対比として用いられることがある（「怒った天使と笑った悪魔」などのペア）。また囲碁の対局や歌合戦などにおける「黒と白」「赤と白」のように，その矛盾関係としての対比が論理に支えられているのではなく限定された文脈の中で創り出される側面もある。[2] また先に見た相対的反義語というこのカテゴリー自体，文化的，文脈的限定を課した上での対立を成すタイプであり，その点では文脈依存的な対立概念だと言える。

このように，語の意味の分析対象は，従来は語に内在する論理的な性質に焦点を当てる傾向にあったものの，実際には一般的な社会的知識も大きく関与してくる。このような知識を言語学では**百科事典的知識**または**フレーム（frame）**と呼ぶ（第3節も参照）。

2. 言語表現内部の意味関係

2.1. 意味のカテゴリーとプロトタイプ

1つの言語表現が表す意味範囲は，複数のメンバーから成り立

---

[2] 反義性には程度性が見られるという点に関してはCroft and Cruse (2004) や松本 (2007) を参照のこと。

つ。「椅子」が意味するものは，実際にはソファ，肘掛け椅子，丸椅子，パイプ椅子，ロッキングチェア，座椅子など様々な下位概念が相当する。このように，ある語が指し示せるメンバーの範囲を，その語の**意味カテゴリー**（**semantic category**）という。

　言語表現が指し示すものの中にも，多くの人と共有され，すぐに想起されやすいものと，限られた状況の下で限られた人たちだけに共有されるものとがある。前者はカテゴリーの**プロトタイプ**（**prototype**）と呼ばれる中心メンバーで，後者は周辺メンバーである。　例えば「彼女は椅子に座っていた」から想起されるのは，ソファや肘掛け椅子に代表されるプロトタイプ的な椅子であり，一方介護椅子や電気椅子は特別に文脈がなければ候補に上がりにくい周辺メンバーである。このように，語が表す意味カテゴリーには「椅子らしさ」に関して程度差が見られる。

　椅子の意味カテゴリーの境界も文脈状況により変化しうる。

(12) a.　（渓流の平らな石の上に腰掛けて）「ああ，これはちょうどよい椅子だわ」

　　 b.　（バランスボールに座って）「この椅子は低すぎるね」

石と椅子，バランスボールと椅子とはそれぞれ全く別のカテゴリーを形成する語のはずだが，この文では石やバランスボールを椅子と表現している。つまり，客観的には石やボールにカテゴリー化されるはずのものが，一時的に椅子のカテゴリーに組み込まれている。語の意味カテゴリーは文脈に応じて変わり得るのである。

　また，語の意味カテゴリーが持つプロトタイプも一定ではなく変わり得る。

(13)　電話 → 固定電話（vs. 携帯電話）

「電話」といえば昔は黒電話がプロトタイプだったが，通信技術の発達により，今では携帯電話が一般化している。その結果「電話」の意味カテゴリーは肥大化し，そのプロトタイプはむしろ携帯電話へと移行している。その結果，携帯電話と区別するため従来の電話には「固定電話」という名づけ直した新しい名称（＝**レトロニム**）を用いるようになった。

　このように，意味カテゴリーの境界もその内部構成も，文脈や状況という外部要因によって変わりうる。それは意味が我々の捉え方を反映しているからに他ならないのである。

2.2. 単義か多義か

　1つの語が表す複数の意味のカテゴリーをどう捉えるかについて大きく2つの立場が認められる。**単義（monosemy）説**あるいは**多義（polysemy）説**である。

　単義説では，1つの形式にただ1つの中核的な意味（**コア義**）が結びつくと見なし，それが文脈上での変種として様々な複数の意味を生み出すと考える。例えば動詞 climb に関して，その中核的意味を「上方への移動」だと述べておけば，その他の意味は具体的状況に即してその都度推論で導き出せばよく，簡潔かつ効率的な記述や学習が可能となる。

(14) a.　He climbed the rock mountain. (岩山を登った)

　　 b.　The temperature climbed to 37℃. (基本が上昇した)

ただし，状況から常に推論が可能な意味ばかりではない。次の climb の意味をすべて推論で導き出すコア義を探すのは難しい。

(14) c.　He climbed down the ladder. (梯子を下りた)

　　 d.　He climbed into the wetsuit. (ウェットスーツを着た)

もう1つの欠点として，すべての事例を網羅するコア義を得ようとすると，抽象度の高すぎる実質的内容を持たない意味となるリスクもある。climb の（14a）と（14d）に共通する climb のコア義は「何らかの移動を表す」という抽象的な規定になりそうだが，それでは go や move との区別ができないことになる。

　一方多義説では，1つの形式に対応する複数の意味が，互いに関連し合っていると想定する。climb の（14a）と（14b）とは上方向の移動ということでつながりがある。一方で（14a）と（14c）とは方向性こそ異なるものの，どちらも手足を用いて移動する点で関連性を見出せる。さらに，（14d）でのウェットスーツの中に身を入れる際の苦労という点が，（14a, c）における手足を用いての移動の際にも見出すことができる。このように多義説では，互いの意味が部分的に共通して類似しているという家族的類似性をもったプロトタイプカテゴリーを成すと考える。

　多義説にも欠点がある。それは，どの程度の意味の違いを「異なる語義」と認定するかの基準が明確に定まっていないため，分析次第でいくらでも語義が増えてしまうことである。1つの試みとして，文脈や推論で導くことのできない意味だけを「異なる意義」と認定するべきだとして，単義説と多義説の中庸を目指す流れも見られる（Tyler and Evans（2003））。

2.3. 言語表現の意味とその拡張
2.3.1. メタファー

　多義説によれば，語はたいてい1つの意味にとどまらず様々な複数の意味を1つの形式に対応させている。この意味変化を促進するプロセスの1つとして**メタファー**（**metaphor**）が挙げられる。メタファーとは，抽象的な概念を，その類似性に基づいて具体的に経験可能な概念に置き換えて理解することである。

(15) a.　He fell in love.

    b.　I see your point./I see./He saw immediately that something happened to her.

(15) の表現で用いられている動詞はいずれも文字通りの意味とは異なる使われ方をしている。(15a) では fall（落ちる）という空間的位置変化を表す表現を用いて恋愛状態に変化することを表し，また (15b) では see（見る）という知覚行為を表す表現を用いて「了解した」という認識レベルの意味を表している。

　このメタファーを用いた多義は広範囲に見つけられる。

(16) a.　Bill looked sad./b.　It looked dubious.

(17) a.　This flower smells like a rose./b.　That smells like murder.

(18) a.　The patient's pulse felt weak./b.　Feels like it's been forever.

(19) a.　The soup tastes delicious./b.　The story tastes of treason.

(16a, b) は Seeing is Understanding（見ることは理解すること）というメタファーに基づいて意味が変化している。面白いのは知覚を表す動詞一般にこの拡張が見られることで，(17)–(19) など同じように知覚から認識へのメタファー拡張が見られる。

2.3.2.　メトニミー

　語の意味の拡張現象には，**メトニミー（metonymy）**という比喩のプロセスが関わる。メトニミーは，ある存在物 A を利用し，それと近接関係にある別の存在物 B を指し示す操作である。

(20) a.　<u>ドレッドヘア</u>が文句を言ってきた（部分 – 全体）

   b.　<u>ポルシェ</u>が割り込んできた（容器 − 中身）

   c.　<u>赤ずきん</u>（着衣 − 本人）

   d.　<u>村上春樹</u>を読む（作者 − 作品）

   e.　<u>筆をとる・置く</u>（行為の一部 − 行為全体）

人物の一部分である頭髪の様子で全体としての人物を指したり，車全体で中にいる運転手を指したり，服でそれを着ている人物を指したり，作者で作品を指したりする現象はすべてメトニミーである。また，手紙等を書く行為全体を，その始まり（筆をとる）や終わり（筆を置く）等の一部分で表したりもする。いずれも，言語表現と本来指し示したいものとの間に不一致があるが，私たちは認知的な推論を働かせてこの不一致を解消して理解できるし，その理解を利用して新しい表現を作り出すこともできる。

　このメトニミーも，1つの語に複数の意味が結びつく多義を生み出す。例えば動詞「沸かす」は複数の目的語を取り得る。

(21)　a.　水を沸かす　　　　b.　やかんを沸かす
　　　c.　お茶を沸かす

この現象は，「沸かす」という一連の行為全体における部分的な焦点の当て方の違い，つまり全体―部分のメトニミーで説明できる。まず「沸かす」行為には A. 沸かす液体，B. 液体の容器，C. 結果として得られるもの（結果の目的語）の 3 つが想定され，〈液体を容器に入れて熱する〉という行為全体が形成される。本来「沸かす」対象は水だが，そこから「お湯（行為の一部としての結果）」や「やかん（中身に対する容器）」へと焦点を移すことで，目的語の選択が異なってくる。このように，メトニミーにより同じ語に複数の意味が結びつくことが理解できる。

　また，英語の動詞 look は同じ形式で他動詞用法と自動詞用法

を持ち，それぞれ意味が異なる。

(22) a. Bill looked at Mary. （メアリーを見た）
　　 b. Mary looked tired. （疲れているように見えた）

まずメアリーを見るという知覚行為全体があり，その結果として
その行為の一部である対象が疲れているように見えるので，これ
も全体―部分のメトニミーと考えられる。

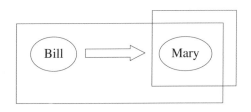

さらに，メトニミーによって品詞が変わる事例もある。英語には
転換（conversion）といって，同じ語形のままで異なる品詞とし
て用いられる語形成の現象がある。

(23) a. to hammer the nail （釘をハンマーで叩く）
　　 b. to mop the floor （床をモップで拭く）
　　 c. to bank our money （お金を銀行に預ける）
　　 d. to shelve the books （本を棚に置く・棚置きする）

これらはすべて，行為の一部を用いて全体的行為を示している。
釘を叩く，床を拭く行為の中で用いられる道具や，預けたり置い
たりする行為の目的となる場所など，事態全体の中のある一部分
だけを指し示すことで，全体の行為を表す。いずれももともと名
詞だった表現が動詞的に用いられた転換の事例で，メトニミー操
作による用法の拡張が見られる。

　また，1つの語に対を成す反義的意味が結びつくケースもメト

ニミーの一種として説明される。

(24) a.　すごい：1 位を取るなんてすごいよ

　　　b.　やばい：遅刻だ，やばい / この動画やばい

　　　c.　憎い：あの人が憎い / こんな仕掛けがあるなんて，憎いね

　　　d.　awesome: You are so awesome! / What a awesome party!

　　　e.　cool: That design is so cool.

　　　f.　literally: When I told him the news, he literally exploded.

「すごい」「やばい」「憎い」はもともと否定的な評価を表す表現だったが，その程度が激しい，というニュアンスだけが残って，隣接する反義的意味へと転用が起こった。英語でも awesome / cool や他にも terribly など激しく否定的な意味であったものが，程度が激しいというニュアンスだけが残って今では肯定的な意味でも用いられるようになっている。

2.3.3.　シネクドキ

　シネクドキ（**synecdoche**）とは，ものごとの表現の具体性のレベルを変える現象で，大きく 2 種類に分けられる。

(25)　種で類を表す

　　　a.　<u>下駄箱</u>

　　　b.　人は<u>パン</u>のみにて生きるにあらず

　　　c.　彼は<u>マスオさん</u>だね

　　　d.　あいつは何でも<u>石橋をたたいて渡る</u>奴だ

　　　e.　He's a good judge of character.（人を見る目がある）

(25) の下線部はすべて，本来表している意味の具体事例となっている。(25a) では下駄の上位概念としての履物一般を表し，(25b) ではパンはあくまで代表例であり本来表したいのは「食べ物」一般である。(25c) ではマンガ「サザエさん」のキャラクター「マスオさん」に関する知識を利用し「結婚して嫁の実家に住んでいる婿」という一般化された意味を表すし，(25d) では「石橋を叩いて渡る」が「慎重である」という上位概念を具体化した一例としての行動を表している。また (25e) では裁判官 (judge) という例を出しつつ「正しい判断をする人」という一般化された概念を表している。いずれも，具体例が言語表現となっているものの，真に伝えたいのはその上位概念であるという共通性があり，これを「種で類を表す」シネクドキと呼んでいる。

　2つめはその逆の「類で種を表す」シネクドキである。

(26)　類で種を表す
　　　a.　花見　　　b.　明日天気だといいね
　　　c.　身内に不幸があったので …　　　d.　He never drink.

(26a) での花は上位概念であるが，ここで直接的に表されているのはその具体例「桜」である。(26b) の「天気」には良い天気も悪い天気も本来的には含まれるが，ここで表されているのはそのうちの「好天」という具体概念である。(26c) も「不幸」の中でも「死」を意味し，(26d) での意味は「アルコールを飲む」に特化している。

　このように，言語表現と実際に伝えたい意味とが意味の上下関係上ずれていくシネクドキ現象は，意味変化でもよく見られる。

2.3.4.　主観化・主体化
　話者の視点の取り方も意味変化に関わる要因である。話者の視

点や立ち位置が意味の中に含まれるようになることを**主体化** (**subjectification**)（Langacker (1990)）という。次の (27)-(30) の (b) の意味にはすべて，非明示である話者の存在がその意味に暗黙の前提として含まれている。

(27) a. He swam across the river. / b. He lives across the river.

(28) a. He walked over the hill. / b. He lives over the hill.

(29) a. She ran around the corner. / b. She stood around the corner.

(30) a. She walked through the woods. / b. She lives through the woods.

(a) での前置詞はいずれも物理的・空間的移動を表している一方で，(b) はいずれも「｜わたった・越えた・曲がった・通り抜けた｜ところ」という最終地点の場所を表す。共通して，(b) で実際に移動する主体はなく，あるのは仮想的移動であること，またその移動の起点に非明示の話者が存在することが挙げられる。つまりいずれも，話者がいる場所を起点とし，そこから前置詞の表す経路を話者が心理的にたどった終着点を表しているのである。これは主体化による異なる意味の現れの 1 例である。

　主体化現象は助動詞の 2 つの意味の間にも見られる。

(31) a. He cannot speak French.

　　 b. He cannot be a gentleman.

(32) a. He may come here.

　　 b. He may be a gentleman.

(33) a. He must attend the class.

　　 b. He must be a gentleman.

(a) では cannot（できない）/ may（してもよい）/ must（ねばならない）は主語による行為の実現度合いについて語る要素である一方，(b) の cannot（のはずがない）/ may（かもしれない）/ must（ちがいない）はいずれも事態の成立度合いについて非明示の話者が認識的判断を下している。

3.　語の意味と背景知識

3.1.　百科事典的知識

　百科事典的知識とは，言語表現が用いられる文脈や場面，社会的・文化的知識，またその語から連想される付加的な意味など，概念的意味以外のそれをとりまくものの総体をいう。通常，言語的意味と百科事典的意味とを区別するのが言語学の一般的な考え方だったが，認知言語学ではこの境界は明確には引けないものと考えている。というのも，語の意味を理解するためには，語の辞書的な定義だけでは不十分で，その背景的な理解が必要であるからだ (Fillmore (1982), Haiman (1980), Taylor (1989 / 1995))。

　例えば，「選挙」とは「政治家を選ぶこと」だが，その真の理解には，政治家とはどういうものか，どのような方法で選ぶのか，などの社会的知識が必要となる。「スローイン」を理解するには，スポーツ用語であることに加え，どのスポーツで行うプレーなのか，どんな状況でどんな目的でどこにどのように投げ入れるのか等を総合的に提示しなければならない。

　国や文化が異なれば，それらの概念もまた異なった理解がなされる。「人はパンのみにて生きるにあらず」という時の「パン」が何を表すか，は，主食が米である国では少し誤解を招くし，聖書のエピソードを知っているか否かでその解釈は大きく変わりうる。「斎王」ということばを外国人に理解してもらうためには，

日本の歴史文化や「穢れ」等の概念などにも触れねばならない。語の意味を真に理解するには，その語の使用文脈のみならず，その文化的社会的背景や習わしへの知識が不可欠である。

3.2.　フレーム

フレーム（**frame**）とは，対象となる語の意味を理解するために前提とされる百科事典的知識のことである。理論によってはこのフレームを**概念領域（ドメイン）**という形で表示する。[3]

(34)　a.　棒　　　　　b.　マレット
　　　c.　スティック　　d.　バット

(34a–d) はいずれも「棒」と捉えられるが，どの状況で何の用途で用いられるかが異なる。(34b, c) は打楽器演奏に使う棒だが，マレットは鍵盤楽器に，スティックはドラム系の打楽器に，それぞれ使われる。バットは野球やクリケットなどの競技で用いられ，楽器のそれとは形状も異なる。このように，楽器や競技にまつわるフレーム的知識は，語の意味の理解に必要不可欠な意味場として密接に関わる。指示内容は類似していても，それを解釈するフレームが異なることで，全く異なる意味を伝えることになる。

　同様に，(35a, b) とも指し示す性質はどちらも「ことばをあまり発しない」「金銭を使わない」という類似の状態を表すが，その捉え方は大きく異なる。

---

[3] （概念）ドメインという用語は Langacker (2008) や Croft (2009) が用いており，主として存在物としてのモノを理解する際に利用される，どちらかというと静的な知識構造に用いられる傾向にある。一方フレームという用語は RISK フレーム（Fillmore and Atkins (1992)）などの例にあるように，事態にまつわる動的な相互作用を理解する際に用いられる傾向にある。

　(35) a.　寡黙・無口　　　　b.　倹約家・けち

「寡黙」は必要とされない状況で余計なことばを発しないこと，「無口」は期待され要求される状況で「ことばを発しない」ことを表す。同じ「お金を使わないこと」を表していても，不要な状況で使わないのが「倹約家」，使うべきところで使わないのが「けち」である。同じ状況を指示していても，それを取り巻く前提としての期待が異なるし，結果として指示対象への評価も，前者は好意的で後者は否定的と，真逆のものとなる。このように，指示対象となる状況への期待も，我々の社会的常識に依存する場面状況であり，フレーム知識の複合的拡大版とも言える。[4]

　フレームを共有する語でも，そのフレームのどの部分に焦点を当てるかで意味が異なる。例えば〈拭く〉というフレームは一連の動作の連鎖（シナリオ）から成り立つ。この中でも焦点の当て方の違いにより，動詞「拭く」を用いた言語表現として2通りが考えられる。

　(36) a.　テーブルを拭く　　　b.　水を拭く

(36) の焦点は (36a) 拭く対象，(36b) 拭きとって取り除く対象，のいずれかに分散している。〈拭く〉フレームに必須の要素は少なくとも2つあり，そのいずれかを直接目的語で取り上げていることにもなる。

3.3.　語の意味とフレーム

　フレームは，類義語の意味の区別にも重要な役割を果たす。認

---

　[4] これを Lakoff（1987）は ICM（Idealized Cognitive Model: 理想認知モデル）と呼んだ。

知意味論という立場では，言語形式が異なれば，それは必ず何ら
かの意味の違いを反映していると考える。指し示している事象が
同じようなものであっても，その事象を理解する背景や状況，つ
まりフレームが異なれば，その語が伝える意味合いは全く異な
る。次の例を見てみよう。

(37) a. stingy vs. thrifty

　　　b. to procrastinate vs. to postpone

　　　c. a poor child vs. a poor adult

「お金を積極的には支払わない」ことを表す点では類義表現だが，
それぞれ前提となる背景知識が異なる。stingy は「お金を出すべ
き時に」出さないのであり，決して褒めことばにはならないが，
thrifty は「お金を不必要には」出さないことで，むしろ好感のも
てる表現となる。同様に，延期するという意味では同じでも，
procrastinate ではそれが内発的要因による自発的性質をもつの
に対し，postpone は外的要因からやむを得ないニュアンスが強
くなるという違いがある。また，(37c) の poor child には，
poor adult と比較して，貧乏という意味に加えかわいそうという
ニュアンスも強く出る。これは，child が adult とは異なり社会
的にも守られるべき存在であるというフレームが関わるためであ
ろう。いずれも，異なるフレームの適用により違いが出てくる。

　同一フレームでも焦点化部分が異なるため，語も意味も変わる
場合もある。英語の rob, steal はどちらも窃盗行為を表すが，直
接目的語として何をとるかが異なる。

(38) a. He robbed the rich (of their money).

　　　b. He stole money (from the rich).　　(Goldberg (1995))

これを図式化すると，以下のようになる。

rob:　〈盗むヒト　盗まれるモノ　盗まれるヒト〉

steal:　〈盗むヒト　盗まれるモノ　盗まれるヒト〉

〈盗み〉のフレームには，盗むヒト，盗まれるモノ，盗まれるヒトの3者が必ず関わるが，どれに注目を払うのかが rob と steal で異なる。rob では直接目的語として「盗まれるヒト」を，steal では「盗まれるモノ」を選択する。つまり，同じ〈盗み〉でも，ヒト，モノいずれに着目するかの違いがあり，それゆえ rob の方が steal より相手に深刻な打撃を与える意味合いを強く持つことが説明できる。

　同一の表現が異なる複数の意味を持つ場合もフレームが関わる。

(39)　a rescue dog（a. 救助犬　b. 保護犬）

(40)　a.　to seed the field（with wheat）/ to seed wheat in the field（畑に種をまく）

　　　b.　seed the watermelon / grapes（スイカ・ブドウの種を取り除く）

(39) は，〈災害人命救助〉フレームで理解されると救助する側である救助犬を，〈動物愛護〉フレームにおいては保護される側の保護犬を，それぞれ意味する。また，seed（種）を品詞転換して動詞で用いる場合，種にまつわる行為を表すものの，適用されるフレームが異なる。(40a) の意味は〈作物育成フレーム〉で理解されているが，(40b) の意味は食べやすくする目的をもつ〈食物加工フレーム〉と，異なるフレームで理解されている。

　これらの例から，言語の意味は言語内的な知識だけでは決められず，背景的な知識も含めて理解されているものだとわかる。

4.　異なる言語における言語化パターンの違い

4.1.　「する」と「なる」

　他に働きかけて対象を変化させるという性質を**他動性**（**transi-tivity**）という。他動詞は他動性が一般に高く，自動詞は他動性が低い。ただし他動詞であってもその他動性には程度差が見られる (Langacker (1987), Taylor (1989))。

(41) a.　John broke the glass.

b.　John hit the ball to the fence.

c.　John watched the movies.

d.　John resembles his father.

(a) から (d) に進むにつれ，他動性の度合いは低くなる。同じ他動詞文という形式を用いていても，その形式が表せる意味の範囲は広範であり，プロトタイプカテゴリーを成すのである。

　他動性をプロトタイプに据える他動詞構文でどんな事態までを表現できるかは，言語によって差がみられる。英語は他動性の高い形式の表現を好む傾向が強いとされ，その一例として，無生物主語構文が多いことが挙げられる。無生物主語をとることで，英語では (42) のように因果関係を使役的に表すことが多い。

(42) a.　The terrible memory of war gave Mary a famous novel.

b.　The rain prevented me from going out.

c.　The sound of thunder made him terrified.

　一方，日本語では無生物が主語のままでは不自然なことが多い。むしろ主語を原因して副詞的に捉え，それによって自動詞的な事態が生じた，と他動性を低めた形の翻訳が自然である。

122

(43) a. 戦争の記憶をきっかけにメアリーは小説を書いた。

　　 b. 雨のせいで私は外出できなかった。

　　 c. 雷の音で彼はひどく怖がった。

日本語は他動性の低い事態認知が主流であるのに対し，英語は他動性の高い事態認知を行う傾向が強い。池上（1980）は前者を「する」型言語（DO-language），後者を「なる」型（BECOME-language）と類型化している。

4.2.　内の視点と外の視点

　複数の文を結び付けた文連結においては，誰の視点から述べるかで文の容認度や理解度が変わる。例として接続詞トを挙げよう。

(44) a. 彼はすばやく扉を開けると，小走りで雨の中を出て行った。（Opening the door, he ran out of the house.）

　　 b. 彼が驚いて振り返ると，警官が立っていた。（Looking back, (he found) there was a policeman.）

　　 c. 角を曲がると右手に郵便局があります。（Turning the corner, on the right is a post office.）

ト節の後件に出来事事態が描かれている場合は，ある特定の同一人物が関わる事態の連鎖を，客観的な第三者の視点から描写したものとなる。（44a）は，同じ人物が扉を開け，出て行っており，話者はこの情景を自ら第三者的な観察者となって描写している。

　一方，ト節の後件が状態である場合，話者は描写事態の内部に自ら関わり，そこからの見えを表す。（44b）で話者は「彼」の視座に立ち，「彼」の目に映ったままを後件で表している。このタイプの接続表現は「発見のト」と呼ばれ，前件でト節の行為を

行った後，後件で主節の事態や状況を発見する，という知覚状況の変化を表すのが特徴である（豊田（1979），早瀬（2009），Hayase（2011））。

　（44c）では現在時制であることから，話者だけでなく聴者をも描写現場に巻き込んで事態を描写する。(45c) では「角を曲がる」という仮想的移動を行った結果，その視座から右手という直示的な場所を見れば「郵便局」を発見することになる，という，恒常的な地理状況を描いている（早瀬（2009），Hayase（2011））。

　日本語ではいずれの表現も自然であるが，英語ではいくぶん状況が異なり，（44a）から（44c）に行くにつれ，その容認性が低くなっていく。このことは，話者が描写場面の内側に埋没する形で表現するのを日本語は許容しやすいのに対し，英語は描写場面の外側にいて客体的に事態描写をすることを好む傾向が強いことが挙げられる（池上（2011），本多（2009），早瀬（2009）など）。

4.3.　衛星枠づけ言語と動詞枠づけ言語

　移動を表す事態をどのような形式で表すかについて，言語によってその特徴が大きく二分される，という考え方がある。

(45)　a.　He walked over the mountain.

　　　　　（彼は山を越えて歩いていった）（cf. (28a)）

　　　b.　He lives over the mountain.

　　　　　（彼は山を越えたところに住んでいる）（cf. (28b)）

　　　c.　He overcame the sickness.（病気を乗り越えた）

英語ではいずれも over という経路（path：道すじ）に相当する意味要素を，前置詞もしくは動詞の接頭辞として用いているが，日本語では「越える」という動詞に対応させている。他にも経路を動詞で表す例がある。

(46) a. He lives across the river.

　　　　（彼は川向こうに・川を渡ったところに住んでいる）

　　 b. His house is through the woods.

　　　　（彼の家は森を抜けたところにある）

　　 c. Her idea is beyond my understanding.

　　　　（彼の考えは私の理解を超えている）

　移動の経路を表すのに英語では動詞以外の要素（主に前置詞）を用いる傾向が，日本語では動詞を用いる傾向が見られる。この違いに基づき，日本語のような言語を**動詞枠づけ言語**（**verb-framed language**）と，また英語のような言語を**衛星枠づけ言語**（**satellite-framed language**）と，それぞれ呼んでいる（Talmy (2000)）。

　この日英の差は，動詞への品詞転換現象で観察される。

(47) a. bang the door（ドアをバタンと閉める）

　　 b. to oink / meow（(豚が) ブーブーと /(猫が) ミャーと鳴く）

　　 c. to laugh / grin / chuckle（ワハハと /にこっと /くすくす笑う）

　英語は，バタン，ブーブーなどの，行為に付随する様態情報を担う擬音語・擬態語（オノマトペ）に相当する表現を，そのままの形で動詞として使えるのに対し，日本語ではオノマトペとは別にその行為を表す動詞（「閉める」「鳴く」「笑う」）を，別途補って表現しなければならない。

　様態と同様，英語は手段や場所の情報などの副詞的要素をそのままに転換した動詞に組み込む傾向が見られるが，日本語では動詞とは別に明示する必要がある。

(48) a. to hammer the nail（釘をハンマーで叩く）

　　 b. to mop the floor（床をモップで拭く）

   c.　to <u>bank</u> our money（お金を銀行に<u>預ける</u>）

   d.　to <u>shelve</u> the books（本を棚に<u>置く</u>・棚<u>置き</u>する）（= (23)）

ハンマーやモップは道具や手段である。英語ではその名詞形のままに動詞へと転換できるが，日本語の場合その情報を「ハンマーで・モップで・銀行に・棚に」の形で動詞とは別に表現する必要があり，かつ，その手段・道具を使った行為を表す動詞（叩く・拭くなど）を独立して要求する（Talmy (2000) などを参照のこと）。

　このように，言語によってどの側面に注目するか，どの要素をどの品詞に振り分けるか，その語彙化の傾向が異なってくるのである。

5.　おわりに

　本章では主に意味論の中でも認知意味論的な発想が関わる側面を中心に概説を行ってきた。どのような意味も，その背景知識や話者のとらえ方と切り離すことは難しい。4節で見たように，そのとらえ方の傾向が言語レベルで偏っている場合もある。意味と人間の営みとの関連性について，本節で少しでも手掛かりを得てもらえたら幸いである。

第5章　語用論

　語用論（pragmatics）は，実際の表現をどのような意図をもって人が使用しているかに関心を寄せる学問分野である。そのため，基本的には実際に誰かが具体的な場面で用いた文である**発話**（**utterance**）を研究対象とし，その場面で真に伝えたい意味内容はなにか，聴者は発話をもとにどのように推論し計算を行うのか，話者と聴者の関係性はどのようなものか，などといった，コミュニケーションに関わる側面を追究する。

　第1節では，ものごとを指し示す方法や表現に見られる機能にまつわる社会的・認知的側面について，直示表現を取り上げて概説する。第2節では，文章を作成する際にどのような組み立て方をすると聞き手に理解されやすくなるかについて，文とそこに組み込まれる情報との関係を見ていく。第3節は文を発することで同時に行為を遂行する働きがあることを紹介し，発話行為論という分野の研究を紹介する。第4節では会話を成立させるために人々が行う種々の推論が，人々が不文律として守っている原理に基づいて行動しているためだとする Grice の考え方を解説する。第5節では人のコミュニケーションが最小限の労力で

最大限の効果を得ようとする関連性の原則に基づいて説明される
とする理論とその知見について説明する。最後に第 6 節では対
人関係とことばの関連性に注目するポライトネス理論を紹介す
る。

1.　直示表現

　ダイクシス（**deixis：直示表現**）とは，話者が存在する現場地
点「私・今・ここ（I-Here-Now）」が決まって初めて，表現の指
示対象が決まる表現を言う。人称ダイクシス（あなた，私，彼）
や空間ダイクシス（これ，それ，あれ），時間ダイクシス（今日，
昨日）などが挙げられる。

1.1.　人称ダイクシス

　人称は話者を 1 人称，聴者が 2 人称，それ以外の人は 3 人称
で示す。日本語には 1 人称表現が豊富で，私，僕，俺，あたし，
うち，わし，我，小生，自分，吾輩，拙者など，聴者との関係性
や所属コミュニティでの自らの位置づけ（ペルソナ）に合わせた
表現が多様である。英語でも同様に，**呼びかけ語**（**vocative：呼
格**）にはいくつかバリエーションが見られる。

(1) a.　Hey you! / Hi, forks! / Boys, be ambitious. / Ladies
　　　　and gentlemen. / Can I help you, Madam.

　　b.　I lov'd your father, and we love ourself.
　　　　（わしはお前の父を愛していたし，余には王としての立場も
　　　　ある（ハムレット））

（1a）も日本語と似て，社会での相手のペルソナに合わせて呼び
方を変えた表現である。また（1b）の we は **Royal We** あるいは

Majestic plural と呼ばれ，王室の高貴な者が単数である自らを呼ぶ表現である（日本語における「余」や「朕」に相当する）。

対話相手に面と向かって直接二人称代名詞で呼びかけるのは，原則無礼であるとされる。このため，それ以外の表現で相手を間接的に指し示す傾向がある（Yule (1996)）。

(2) You bastard! / You open the door. / Hey you!

(3) a. Excuse me, {Sir / Miss / Madam / *You}.

    b. Your Majesty（陛下）/ Your Loyal Highness（(妃)殿下）

    c. あなた，お前，貴様

英語で you と直接語り掛けることは失礼かつ無礼な状況にあたる。(3a) のように敬称を用いたり，高貴な人には (3b) のように慣例的に間接的表現を用いたりする。日本語でも同様で，(3c) の二人称表現はもともと方向や位置，敬いを表す言葉であった。

1.2. 役割語

人を家族関係における親族名称や社会的地位上の役割で呼ぶことがある。これを一般に**役割語**という。

(4) a. {お母さん / #娘}，出かけるの？

    b. {先生 / #生徒}，困ったことになった。

    c. {部長 / #部下}，来週は出張ですか？

日本語の特徴として，目上には役割語で呼びかけ可能だが，目下に対しては不向きという現象がみられる（鈴木 (1976)）。

血縁のない他人に親族名称で呼びかける**虚構表現**も存在する。

(5) a. あのおじいさん，また来たよ。

    b. 警察官のおじちゃん，ありがとう。

   c.　（店の客に）ちょっと<u>奥さん</u>，安いから見てって。

   d.　（店の客に）<u>ご主人</u>，いかがですか。

どの虚構表現を用いるかの選択は，自分から見た関係性ではなく，その対象者が世間的に見てどの親族名称で典型的に呼ばれやすい年齢層に属しているかでもっぱら決定される（鈴木（1976））。

  虚構表現の一種として，聴者の視点からの親族名称を用いることがある。

  (6)　a.　<u>ボク</u>，どうしたの？ママとはぐれたの？

     b.　よし，<u>おばさん</u>（＝自分のこと）が探してあげようね

     c.　歌の<u>おねえさん</u>，体操の<u>お兄さん</u>

     d.　川でおぼれたおともだちを，高校生の<u>お兄さん</u>が助けたんだって（こどもニュースで）

日本語で聴者の視点として選ばれるのは，その状況での最も年少者である。役割語の使用に関してはこの「年少者から見た視点」が一貫して重要な要因として機能している（鈴木（1976））。

1.3.　空間ダイクシス

  空間ダイクシスの表現には指示詞（コソア）や直示動詞（行く/来る），空間表現（前/後ろ）などが挙げられる。

  日本語はコソア表現により空間を 3 つに分類する。これは現代英語が this/that によって 2 つに分類するのとは異なる。[1]

  (7)　a.　コ系（近称）：話者に近い領域のものを指す

     b.　ソ系（中称）：話者からやや離れた・聴者の領域のも

---

[1] 現代英語は二体系だが，古英語では here, there, younder と三体系だった。

のを指す

  c. ア系（遠称）：話者から遠い領域のものを指す

空間的な指示詞は非空間的な談話の領域でも用いられる。

(8) 山田という男がいるんですが，この男がまた食わせ者で，社長に対してとんでもない口のきき方をするんです。あの社長にですよ。―それはちょっとひどいですね。/あれは確かにひどかったですね。

自分の知識領域に存在する人物を話題に出して直後に「この男」と指示し，さらに社長についての知識は聴者も共有していると想定して「あの社長」と語る。聴者がその話を今聞いたばかりの話者の知識領域内に属する話とみなせば「それは」と指示するが，もしその知識を過去に自分も共有していたなら「あれは」と指示する。

  空間ダイクシスの例として移動動詞「行く（go）・来る（come）」がある。この2つは話者をdeictic centerとし，そこから離れるか近づくかで使い分けられる（Yule (1996)）。ただしその領域の分け方が英語と日本語とでは異なる。英語の場合，話者と聴者の領域は基本的に一体化した1つの領域とみなされ，その中での移動およびその中への移動をcome，そこから外への移動をgoで表すのが基本となる。一方日本語は話者の領域と聴者・それ以外の領域とを明確に区別し，前者に入ってくる移動は「来る」，前者から後者へ出ていく移動は「行く」で基本的に示される。[2]

  Deictic centerは〈話者・イマ・ココ〉であるのが基本だが，このdeictic centerをその場に応じて自由に選ぶという心理的な

---

[2] ただし，九州方言などでは「あなたのところへ来るよ」という英語に相当する表現が可能であるという報告もある。

使い方も見られる。

(9) a. では明日研究室に 3 時に<u>来て</u>ください。そのころには大学に戻れていると思いますので。

　　b. 昨日，ずっと大学に来ていなかった学生がわざわざ研究室に<u>来た</u>みたいなんだよ。あいにく留守をしていて私は対応ができなかったんだけど。

　　c. 山田さんちの奥さん，嫁に<u>きて</u>もう何年になる？

(9a) の deictic center は 3 時の時点で話者がいるだろう場所，(9b) は話者が本来であればいるだろう場所，また (9c) は山田さん（を含む人たち）のコミュニティに設定されている。このように，ダイクシスの選択は，その表現時にどのような視点から語っているのかが重要な要因となってくる。

1.4. 時間ダイクシス

　時間ダイクシスの例は時制表現である。現在時制は deictic center に近い出来事，過去時制は遠い出来事とされる。一方でこの遠近のとらえ方が，談話上での情報処理に関わる短期記憶・長期記憶に転用された結果になることもある (Yule (1996)，加藤 (2004) など)。

(10) a. あの店，水曜やって {る・た} かな？

　　 b. あいつ，確か和歌山出身じゃ {ない・なかった} か

　　 c. 山田さんでしたっけ？

　　 d. ん？　この交差点，右折でき {る・た} かな？

ル形は発話の場に今まさに入ってきた情報を表し短期記憶内で処理されるものだが，タ形の情報は長期記憶内から取り出された過去時点で得られたものという解釈になる。

132

タ形という遠系を利用すると表現を和らげる効果がある。

(11) a.　I had thought for many days that I want to ask something …

　　　　もう何日もお願いしたいと考えておりまして。

　　b.　I did wonder whether you might …

　　　　… かもとおもったものですから。

現在時制だと押し付けがましい表現が，過去時制だと和らいだ印象となる。これは今現在処理中の情報ではなく長期記憶から取り出してきた情報とすることで，間接性が増すためである。[3]

2.　情報構造

　情報構造とは，文構造や文章の並び・流れの中で，内容の新旧や軽重をどのように配置するかのパターンのことである。これは聴者に文（章）の理解をスムーズに導くために重要な要因である。

2.1.　情報の新旧

　適切な談話の展開には，情報の新旧への配慮が求められる。**旧情報（old information）** とは聴者の現在の意識下にあると，また**新情報（new information）** とは聴者の現在の意識にないと，話者が想定する情報である。プラーグ学派と呼ばれる流れでは，Communicative Dynamism と称して文の構造を機能的な観点から研究した。それによると，言語の情報構造としては一般に旧情報が先に提示され，それを受けて新情報が続くとされる。

---

[3] この現象は第6節で扱うポライトネスとも関係する。

(12) a. 昔々あるところにおじいさんとおばあさんがいました。おじいさんは山へ芝刈りに，おばあさんは川へ洗濯に行きました。

　　 b. I sent into the market a girl who was surprisingly poorly-dressed.

(12a) では新情報として助詞ガ（おじいさんとおばあさん<u>が</u>）でマークされたものが，二文目では旧情報となり助詞ハ（おじいさん<u>は</u>）で示され，さらにそれぞれの行為が新情報として後続する。(12b) では新情報で情報量も多い a girl who was surprisingly poorly-dressed を文末に配置することで，最後に重要な情報が印象付けられる。このように新情報を最後に配置にすると聴者の処理負担が軽減され，話の展開や理解を容易にするのである。

2.2.　結束性，首尾一貫性

　情報構造は文を超えたレベルでも重要である。文レベルで適切でも，複数の文を組み合わせて使用する談話レベルになると不適切になることがある。

(13) a. The <u>gate</u> was already open. Betty opened <u>it</u>.

　　 b. The <u>gate</u> was already open. <u>It</u> was opened by Betty.

(13a, b) 共に，1 文目の新情報 the gate を 2 文目では旧情報として代名詞 it で受けており，二文が互いに緊密に**結束性**（**cohesion**）で関連付けられている点は同じである。しかし (13b) の方が情報構造上適切とみなされる。その理由は，第 1 文の主語 the gate を第 2 文でも同じく**主題**（**theme** または **topic**）と定め，さらにそれがどうなったのかを述べる部分（**題述**（**rheme**）または**陳述**（**comment**））が後続する展開が成立している方が，談話

の**首尾一貫性 (coherence)** が保たれるためである (Firbas (1964))。英語で定冠詞を用いた名詞句 (the gate) が主語に置かれることが多いのは，この主題 - 題述 (theme-rheme) もしくは主題 - 陳述 (topic-comment) の構造を反映しているためである。

2.3. 情報パッケージ構文

　言語表現には，**情報パッケージ構文 (information-packaging construction)** (Huddleston and Pullum (2003: ch. 16)) と呼ばれる，通常基本・標準とされる構造とは異なる形式的特徴をもつものが見られる。その特徴として，通常とは異なる特別な情報構造をその文形式に組み込んでいることが挙げられる。

(14)　Betty lost her purse. (ベティは財布を無くした)

　　a.　As for her purse, she lost it. [話題化構文：topicalization]

　　b.　It was Betty who lost her purse. [It 分裂文：It-cleft]

　　c.　What Betty lost was her purse. [Wh 分裂文：Wh-cleft]

(14) が標準的な構造であり，それに対するバリエーションが (14a–c) で，それぞれに情報構造の配置が異なるため適切に使用される状況が異なる。まず (14) は，主語 Betty の存在がまず前提・既知情報とされ，その人に何が起こったかを述べる theme-rheme という標準的な情報構造をとる。これに対し (14a) では As for で purse が敢えて取り立てられて theme となり，以下でそれについて語るという構造になっている。(14b) は「財布を無くした人がいる」ことが既知の旧情報であり，それが「ベティだ」ということが新情報として提示されている。また (14c) は「ベティが失くしものをした」ことが旧情報であり，それが財布だというのは新情報として提示する構造となっている。このように，

どんな構文をとるかによって，情報をどのように提示するかが決まってくる。

(15)　President Clinton appeared at the podium accompanied by three senators and Margaret Thatcher.

 a.　Behind him there stood a bodyguard.

 b.　*Behind him {there stood / were} the senators.

(Huddleston and Pullum (2003) より改変)

(15a–b) は情報パッケージ構文の1つ，**提示文**（**presentational sentence**）と呼ばれ，倒置かつ be 動詞以外を用いる形式をとり，新情報の名詞句を新たに場面に導入する機能をもつ。(15a) の bodyguard が聴者にとって完全な新情報なのに対し，(15b) の senator は直前に言及済みの旧情報であるため，不適切となる。

　この提示文は，導入される指示対象が新情報であるのに加え，後続談話の主題となりやすい特徴をもつ (Givón (1983: 25))。

(16)　a.　Round the bend came a train. (vs. A train came round the bend.)

 b.　「全国初の脳死患者による移植手術が本日行われた」

  A:　手術は○○大学で行われた。

  B:　手術を行ったのは○○大学の医学教室である。

提示文では文末の a train が聴者に特別な注意を喚起する表現となり，以降はこれについての題述が展開することが期待される。(16b) においても，通常語順である A よりも B の倒置形式にすることで，その後○○大学の医学教室についての話がその後展開していくことが予想される。

　このように，文を実際に組み立てて使用していく際には，情報構造にも配慮をする必要がでてくる。適切な情報構造が配置され

れば，聞き手にとってスムーズな理解が促されることになる。

3. 発話行為

3.1. 発話行為文

　客観的意味論で主に言語分析の対象としてきたのは，外界に存在する客観的事態を描写する文であった。その特徴は，客観的事実に照らして文の意味内容の真偽値を決定できることである。

(17) a. このキノコは食べられる。
    b. 私は昨日転勤になった。
    c. モナリザは美しい。

(17) の文が正しいか否かは，現実世界の状況と照合して判断できる。「キノコ」の指示対象が毒キノコなら (17a) は偽と，モナリザが美人と判断されれば (17c) は真と，それぞれ判断される。
　しかし真偽値そのものを問うことが難しい文もある。

(18) a. 彼に最後に会ったのはいつ？
    b. 連絡があったらすぐに知らせるように。
    c. 承知しました。

これらは現状を描写する文ではなく，質問や依頼・命令，承諾など，聴者への働きかけを行う文である。発話と同時に聴者に対して行われる働きかけのことを**発話行為** (speech act)[4] といい，その下位分類である質問や依頼，命令，承諾，許可，宣言などを**発話の力** (illocutionary force) とよぶ。またこれらの力を遂行

---

[4] 「発話行為」という訳語は山梨 (1986) に従ったが，「言語行為」という訳語もある (加藤・澤田 (2020) など)。

する発話を**発話行為文**（**speech act sentence**）という（Austin (1962)）。

3.2. 間接発話行為と適切性条件

発話の場面によって，同一表現でもその発話の力は変化する。

(19) 「鍵持ってる？」

朝出かける相手への発話であれば，発話の力は単純な〈質問〉あるいは〈依頼・命令〉（「持って出よ」）だが，共に帰宅した玄関先での発話であれば〈依頼〉（「開けて」）となる。このように表現と実際の真意である発話の力にずれがある場合，これを**間接発話行為**（**indirect speech act**）という（Searle (1969)）。

間接発話行為が成立するには4つの**適切性条件**（**felicity conditions**）が満たされる必要がある（Searle (1969)）。いずれかを明示的に述べたり質問したりすることで，間接的に行為の遂行が成就する。例えば，依頼（今何時かを教えてほしい）という発話の力を成就させるための条件は以下の通りである。

(20) 適切性条件（felicity conditions）

    a. 準備条件（preparatory condition：発話内容の前提や参加者に関する条件）

      時計がない / I don't have a watch.

      時計もってる？ / Do you have the time?

    b. 命題内容条件（prepositional content condition：発話内容が満たすべき条件）

      時間わかる？ / Can you tell me the time?

    c. 誠実性条件（sincerity condition：話者の意図の誠実さに関する条件）

時間を教えて欲しいんだけど / I would like to know what time it is.

d.　本質条件 (essential condition： 発話行為の遂行義務に関する条件)

　　時間を教えるのはイヤ？ / Would you tell me the time?

Searle (1969) はこの4つの条件を他にも質問・命令・約束など8つの発話行為に関して詳しく列挙している。これにより, どの側面に注目してどのような発話をすればその発話行為を適切に実現できるのか, そのしくみを明らかにしようとしている。

4.　推論の語用論

　ここまでは, 間接的にどう発話すれば意図が伝わるかという, 話者の側からの語用論的な話題を主に紹介してきた。

　この節で扱うのは, 聴者の側からの理論である。相手の発話をどのように解釈すれば筋が通って理解可能かという観点から展開されている Grice の語用論および Sperber and Wilson による関連性理論について紹介する。

4.1.　協調の原理

　言語哲学者 Grice は, 会話中, 参加者は常に次のようなルールを守ろうとしていると仮定する。

(21)　**協調の原理 (cooperative principle)**：「今行われている会話の方向, 目的に沿う形で参加せよ」

これは, 人は会話が進むように協力するものだ, とする性善説に基づく考え方である。どの発話もこの方向性を守ったものであ

り，一見反するようでも実は別のレベルでこの原理を守っている，と想定されるので，そこから聴者は**会話の推意**（**conversational implicature**）を計算する。

話者が協調の原理についてどのような態度をとるかにより，以下のパターンがみられる。

(22) 会話の原則を話者は：

   a. 遵守する（observe）：

   b. （わからないように）逸脱した発言をする（violate）：うそをつくなど

   c. 意図的に逸脱する（flout）：無関係なことを言う（ことで何かを伝達しようとする）

   d. 全く従わない選択をする（opt out）：黙る・意見を言わない・どこかへ行ってしまう・会話を拒否する・コミュニケーションをやめる

話者がいずれの選択をしても，聴者はそれに応じて推意を計算するため，結果として会話の含意が生まれる。たとえ (22d) のようにコミュニケーションを断ち切る選択をしても，それによって相手に解釈を全面的にゆだね，どのような解釈をされても構わないという態度を示したことになる。つまり，何をしてもしなくても，聴者によって推意が計算されてしまうのである。

4.2. 会話の格率

協調の原理を遵守するために人は**会話の格率**（**conversational maxims**）という具体的な方策に従うと想定される（Grice (1975 / 1989)）。

(23)　会話の格率 (conversational maxims)[5]

    a.　質の格率 (quality)

    b.　量の格率 (quantity)

    c.　関係性の格率 (relevance)

    d.　様態の格率 (manner)

　質の格率とは、「信じていないことや，証拠のないことは言うな」というものである。つまり人の発話は基本的には真実であるはずだ，と想定できる。

(24) a.　昨日阪神が勝ったよ。

    b.　彼はスタンフォードで Ph.D. をとった

(24a) で「でも本当はよく知らないんだ」と続けると，根拠のないデマの発言になるし，(24b) も嘘であれば学歴詐称である。

　ただし，敢えて無関係な違反発言をすることで有効な推意が得られることもある。

(25)　A:　テヘランはイギリスにあるのかな，先生？

    B:　ん－そうだとしたら，東京は中国にあることになるかな。

B は明らかに信じていない間違った内容を発言しており，質の格率違反を敢えて行っている。しかし話者が「会話の原理に即しているはず」と想定する推意の計算が行われ，「(東京が中国にあるのは偽であるのと同じく) テヘランはイギリスにはない」という推意が得られることになる。

　次に量の格率とは，〈提供する情報は多すぎても少なすぎても

---

[5] maxims を公理と翻訳する場合もある (加藤・澤田 (2020) など)。

いけない〉とするものである。

(26) a.　私には姉が 1 人います。実は 3 人ですが。
　　 b　私がいくつですかって？　そうですねぇ，私は戦前の
　　　　生まれで，その頃はものがない時代でね，小学校に
　　　　なった頃にはあの戦争でしょ。…

論理的には，姉が 3 人いるならば，その含意として姉が 1 人い
るという事実は問題なく成立する。しかし量の格率に基づけば，
3 人いるならば過不足なくそれを伝えるべきであり，1 人と答え
たら 1 人しかいないと推測される。また (26b) は質問の答えと
しては冗長で情報量が無駄に多すぎる。
　逆に，敢えて情報を少なく伝えることで，有効な推意が計算さ
れることもある。

(27)　彼女の学業成績はどう？―いつも元気に登校してます
　　　ね。

肝心の学業内容についての情報が不足しており，量の原則違反で
あるが，会話の原理を遵守して敢えて逸脱したと想定すれば，こ
の学生の成績が芳しくないかもという含意が得られる。
　関係性の格率は「無関係なことは言ってはいけない」と説く。

(28) a.　「買い物に行ってきてくれる？」「明後日ね」
　　 b.　「今日欠席してる人は誰？」「徳川家康と豊臣秀吉です」

買い物に行ってほしいという依頼は「今現在」のことに決まって
いるし，欠席者はクラスメイトに限定されるので，いずれの回答
もあからさまな関係性違反となる。しかし一見無関係に見える発
話を敢えて行う逸脱だと想定すれば，拒絶や冗談などの推意が計
算される。

(29) a. 「ママ，ボール遊びしよう！」「宿題はどうしたのかな？」

b. 「太郎ってすごく変わった変なやつだよね？」「えっと，ちょっと何か食べに行こうかな」

(29a) では子どもをたしなめ宿題をすませよと伝えることが，また (29b) ではその話題をこれ以上続けたくないことが，それぞれ推意として得られる。

　様態の格率は，「わかりにくい表現を避けよ」「曖昧さを避けよ」「不必要なことを言わず簡潔にのべよ」「順序正しく述べよ」という4項目から形成される。

(30) a. 彼はいい歌手なの？―うん，なんか，遠くまで鳴り響くような細く長い声をひそやかに出すんだよ。(vs. いや，いい歌手ではないよ)

b. 私の弟が買ってきたケーキを食べた。

c. 明日は面談だと前々からわかっていたのですが，ちょっといろんな事情が積み重なって徹夜も続いていて体調も気分も良くないので，大学に行けたら行きたいとは思っているのですが，行けるかどうかちょっと難しいのかなと。(vs. 明日欠席します)

d. 昨日は寝て，お風呂に入った。(vs. 昨日はお風呂に入って寝た)

(30a) は意図がわかりにくく，もっとはっきり言う方が好ましい（が，敢えて不明瞭な言い方をしたらズバリと言いたくないという推意が得られる）。(30b) は二通りに曖昧であり，「弟」が食べた人なのか買って来た人なのか，不正確な解釈を導いてしまう。(30c) は欠席するのに不必要なことを言いすぎであり，(30d)

は事態の述べ方が生起順ではないためおかしな解釈を生んでしまう。このように，述べ方についても注意が必要になってくるのである。

　Grice の一連の理論的提案は，論理学的な意味と自然言語の意味とのギャップを埋める試みとしてその功績も大きく評価されているが，欠点も指摘されている。例えば，会話の格率の中でも互いに重複する部分が見られる（例：量の格率と様態の格率は一部その区別が不明瞭である）。

　また Grice's Circle と呼ばれる理論的な問題も指摘されている。Grice によれば，語用論は意味論と一線を画したものと想定されており，意味論で文の意味が産出され確定してから後に語用論で推論を行うという理論的デザインを採用している。それにもかかわらず，現実には語用論的推論に利用する文そのものの意味を語用論的格率で補わねばならない例が見られる（詳細の解説については小山・甲田・山本（2016）や吉村（2020）など参照）。例えば，「生起順に述べよ」という様態の格率は，本来は語用論的性質をもつものの，次の文のそもそもの意味論的解釈に大きな役割を持ってしまう。

(31)　結婚して子どもができるのと子どもができて結婚するのとでは意味合いが違うと考える人も多い。

　このような問題点も指摘されるものの，Grice による協調の原理と会話の格率という考え方は，聴者の推論に基づく語用論の大きな礎をつくることとなった。

5.　関連性理論

　Sperber and Wilson（1986）は，Grice の会話の公理のうち関

係性の格率を中心に据え，新たに**関連性理論（Relevance Theory）**を提案した。この理論では，すべての**推意（implicature）**が「最小限の労力で最大限の効果をもつ」ものを探索する**関連性原則**のプロセスにより得られると想定する。

5.1. 関連性の原則と推意計算

関連性理論では言語表現が基本的に不十分なもので，その発話が実際に何を具体的に表しているのか，省略されていることは何か，などを推論により補足する必要があると考える。補足した結果得られる明示的意味が**表意・明意（explicature）**であり，それをもとに推論により発話の**推意（implicature）**が計算されると考える。この補足や推意のうちどれが適切なのかを選ぶ際に働くのが関連性の原則であり，十分に理屈が通る（＝関連性が高い）解釈が得られたならばそこで推論計算が止まると想定される。

(32) 「花子を映画に誘ってもいいかな」―「<u>試験終わったみたいだもんね</u>」

    a. 表意：（花子は）（先日）試験が終わったようだ（で暇がありそう）。

    b. 推意：花子を映画に誘ってもよい（なぜなら花子は先日試験が終わったようで，暇がありそうだから）

まず「試験終わったみたいだもんね」という発言は，誰が，いつ，といった情報が明確にされていない不完全なものであり，この情報をその場での関連性をもつように補ったものが（32a）の表意となる。またこの表意が「花子を映画に誘ってもよいか」という質問の答えとして関連性をもつと解釈しようとすると，「花子が先日試験が終わったということは，おそらく今暇がありそうだ」，さらに，「暇であれば映画に誘える」という推論を経ることで，

(32b) のような推意が得られる。ここで想定された推論は論理学的な演繹的推論 P → Q に相当する。

(33)　P → Q：「花子が暇」であれば「映画に誘ってもよい」
　　　入力 P：　花子は先日試験が終わり暇がありそう
　　　出力 Q：　花子を映画に誘ってもよい。

このように，言語表現を表意に拡充し，その場で最も関連性の高い推論に当てはめることで，推意が計算されていくと想定されている。

5.2.　発話の記述的使用と帰属的使用

　関連性理論では，発話を**記述的使用**（**descriptive use**）と**帰属的使用**（**attributive use**）の 2 つに分類する（Wilson and Sperber (2012)）。まず記述的使用とは (34) のように状況をそのまま記述する発話である。

(34)　a.　日本の首都は東京です。
　　　b.　Open the window, please.

一方帰属的使用とは，発話者本人以外の誰かの発言内容を引用する形で使用することである。

(35)　a.　あいつ「気分が悪い」んだって
　　　b.　それは「帯に短し襷に長し」だね

(35a) では「気分が悪い」という内容は第三者の発言内容つまり「あいつ」に帰属するものである。格言やことわざも，一般的世間に帰属するので，引用の例といえる。

　帰属的使用はさらに**リポート**（**report**）と**エコー**（**echo**）に分けられる。まずリポートとは文字通り他人の発話を直接引用する

ことである。

(36) リポート

A: He's late, isn't he? What did he say?
(彼は遅いね。何と言ってたの？)

B: He said he would come.
(「来るよ」って言ってたよ。)

A: OK, then, he would say, "Hey, trust me."
(そうか，それなら「信じて待っててくれよ」って言いそう
だね。)

ここでの「来るよ」や「信じて待っててくれよ」は，彼が実際に
言った/言いそうな発言として紹介されている，リポートの例で
ある。

一方でエコーとは，他人が言った，あるいは言いそうな発言を
繰り返すことだが，リポートと異なるのはそこに発話者の態度が
重ねられることである。

(37) エコー

A: I've finally quit smoking!

B1: Oh, you've quit smoking!
(やめた，ですって？ おめでとう！)

B2: You've quit smoking. Is it really completely?
(やめた，ですって？ ほんとに完全にやめたの？)

B3: You've quit smoking. How often have I heard
you say that?
(やめた，ですって？ 何度あなたの口からそう聞いたこ
とか。)

エコーでは，発話時の話者以外の誰かに帰属する発話や思考を引

用する際，それに対する話者の態度を同時に示す。

　ここで興味深いのは，日本語と英語の差である。日本語であれば「やめた，<u>ですって</u>」と，エコーであることを示す表現が明示的に使用される（ことが多い）ので，エコーであることは明示的にわかるが，英語では明示されないことが一般的であり，それは高次表意・明意（higher-level explicature）として補って解釈しなければならない。このような観点からの対照言語学的な研究もなされている（内田（2011）など）。

5.3.　手続き的意味

　関連性理論で提案された有効な概念の1つに，手続き的意味という考え方がある。言語の意味は通常**概念的意味**（**conceptual meaning**）であり，その意味の対象が何らかの世界に存在するものとみなせる。例えば Betty like apples であればそれぞれの語が実質的な意味をもち，かつ「ジョンはリンゴが好きだ」という事実が本当か否かを現実世界と照らし合わせて確認できる。一方，ここで扱う**手続き的意味**（**procedural meaning**）とは，前後の発話同士のつながりをどう解釈・処理すべきかを指示するメタ的機能である（Blakemore（1992））。この表現により，聴者の処理労力が減り，関連性の高い適切な解釈を得ることに貢献する。

(38) a.　彼女は教授<u>だけど</u>，まともじゃないよ

　　　b.　あのひとは警察官<u>だから</u>，しっかりしているね

接続表現「だけど」は先行発話から計算される推意（＝（教授であれば）まともな人間だ）をキャンセルせよという指示を与える。「だから」は後続発話（＝しっかりしている）が，先行発話の導く含意（＝警察官であればしっかりしている人だ）と合致する解釈処理をせよと指示する表現となる。これによって「警察官であれ

ばしっかりしている人だ」という信念は強化されることになる。

　手続き的意味を主に担うのは**談話標識**（**discourse marker: DM**）と呼ばれる接続詞・接続表現・感嘆詞である。これらは，会話の進行やその談話内での文の語用論的な解釈を聴者に指示する，手続き指示的かつメタ語用論的な役割を果たす（Schiffrin (1987)，廣瀬・松尾・西川（2015, 2022）など）。

(39) a.　I don't think you should complain. **In fact**, you should be thankful.

　　 b.　**By the way**, when are you leaving here?

In fact はその後に最も主張したい重要な情報が来ることを，また by the way は話題が次に推移することを示唆する。文字通りの意味よりも，話題の展開に目を向けさせる機能が前面に出てくる表現と言える。

6.　社会語用論

　社会語用論（**socio-pragmatics**）（Leech (1983)）は，語用論の中でも主に社会学と関わる分野である。この分野では社会における人間関係とことばとの関連性を追及することから，発話主体の性別や役割，またポライトネスや呼称などが主な関心事となる。

6.1.　伝達内容と主体と配慮

　Tannen（1991）は，話している内容とその機能に基づき会話タイプを二分する。**レポートトーク**（**report talk**）とは内容が価値あるもので明確であり，その機能がもっぱら伝達にあるもの，また**ラポールトーク**（**rapport talk**）はさほど意味のある情報はないものの，相手との関係を良好に保つことが機能目的のもので

ある。

(40) a. 「明日は夕方雷雨になりそうですって。」「そうなんだ！
　　　　じゃぁ傘をもっていかねば。」

　　 b. 「暑いねぇ。」「ほんとに暑いねぇ。」「やってられない
　　　　ねぇ。」

(40a) は天気予報などに基づく新情報を提示するレポートトーク
だが，(40b) は現在暑いとわかっているので相手との共感を求め
るラポールトークである。特に (40b) のように形式上同じ表現
を重ねて発話することで共感を示す現象を**共鳴・響鳴（reso-
nance）**（Du Bois (2014)）という。

6.2.　ポライトネス

　ポライトネス（politeness）とは，コミュニケーションにおい
て人との距離を調整したり忖度したりして人間関係を円滑に保つ
ための言語的な配慮・戦略のことである。

　3.2 で見た間接発話行為はこれと深い関係にある。次の例はい
ずれも〈命令〉あるいは〈依頼〉という発話行為を遂行する表現
だが，場面に応じての適切性は異なる。

(41) a.　Open the window.

　　 b.　Open the window, please.

　　 c.　Will / Can you open the window?

　　 d.　Would / Could you open the window?

　　 e.　Would you mind opening the window?

　　 f.　Would you be so kind as to open the window?

　　 g.　I would be grateful if you could open the window?

(キーン・松浪 (1969))

（a）から（g）へいくにつれて表現の間接性が増し，それに比例してポライトネスの程度も高まる。ポライトネスを高めるには複数の方法がある。その1例はYouを主語にとるYou-messageを避け，Iを主語とするI-messageを用いることである。(41a, b）がYou-messageであるのに対し（c）-（f）はYou-messageを疑問文で用いることで相手にNOと言う選択の余地を残す形式である。また（41g）のI-messageでは，基本的には自分の領域の感情を伝える表現であるため，その間接性ゆえにポライトネスの度合いが高い。

この認識の背景にあるのは，一般に人が他人から承認された理想的かつ望ましい自己像を維持したいと考える**ポジティブ・フェイス（positive face）**と，自分のプライベートな領域を維持して自らの行動の自由を保持し続けたいと考える**ネガティブ・フェイス（negative face）**の両方を持つとする社会学的な考え方（Goffman（1967））であり，これを踏まえて人々はコミュニケーションを行う際に互いのフェイスを維持しようと努力するものだと考えられている（Brown and Levinson（1983））。

ポジティブ・フェイスを重視し，ポライトネスを実行しようとすると，**ポジティブ・ポライトネス・ストラテジー（positive politeness strategy）**と呼ばれる戦略行動が起こる。これは相手の興味関心に共感を示すことで共通の話題作りに配慮しようとするもので，「お嬢さん，おめでたなんですって。よかったね。」「ご機嫌はいかがですか。」「本当に大変なことでしたね。」「何かできることがあればおっしゃってください。」などの発言はこの例である。

これに対し，相手に行動の変容を要求することは，ネガティブ・フェイスに関連して相手の自由を侵したり行動を強制したりすることとなり，「**フェイスを冒す行動（face-threatening act: FTA）**」とみなされる。そしてそれをなるべく軽減することが

politeness strategy（ポライトネス・ストラテジー：**英語でポラ
イトネスを実行するための重要な戦略**）だと考えられており，その方略と効果の対応に関して以下のものが挙げられる。

(42)　ポライトネス・ストラテジー

　　a.　言いたいことをそのまま明示的に言う。
　　　　例：（教師や親が子供に）「さっさと勉強しなさい！」

　　b.　ポジティブ・ポライトネスを使った表現を用いる
　　　　例：「勉強しない？」「勉強しようよ！」

　　c.　ネガティブ・ポライトネスを使った表現を用いる。
　　　　例：「勉強したほうが君のためじゃないかな。」「嫌じゃ
　　　　なかったら勉強しませんか。」「勉強してくれたら嬉し
　　　　いなぁ。」

　　d.　言外にほのめかす。
　　　　例：「試験前なのに，余裕だね。」「勉強しなくていい
　　　　の？」

　　e.　何も言わない

このようなストラテジーを場面や相手との関係性に応じて使い分けて用いることで，人は円滑なコミュニケーションを目指していると考えられる。[6]

7.　まとめ

　語用論は実に射程の広い分野であり，本書ではその主要な一部

---

[6] Brown and Levinson (1983) のポライトネス理論は西洋語中心の考え方であり，日本語にはもう少し異なる理論的考え方が必要だとする見解もある (Matsumoto (1988), Ide (1989) など)。

分にのみ焦点を当てて紹介したに過ぎない。これ以外にも様々な
トピックが研究対象として取り上げられているので，推薦図書を
手掛かりに各自で興味を深めていただきたい。

推薦図書

第1章

・荒木一雄（編）（1997）『新英文法用例辞典』研究社。

英語の様々な構文に関して豊富な用例を使って解説している。

・北川善久・上山あゆみ（2004）『生成文法の考え方』研究社。

生成文法がどのような主張をしてどのような考え方をしているのかを深く理解するために読むべき文献である。

・中村浩一郎・西原哲雄（2023）『ブックレット統語論・文法論概説』開拓社。

統語論，形態論の基本的概念や考え方を豊富な用例を元に解説している。学校文法から理論言語学への橋渡しの概説書である。

・Radford, Andrew（1981）*Transformational Syntax.* Cambridge: Cambridge University Press. ［吉田正治（訳）（1984）『変形統語論―チョムスキー–拡大標準理論解説―』研究社］

統語論の基本を詳細に解説している図書である。出版から40年経った今でも，統語論の考え方を知るために最初に読むべき文献である。

第2章

・服部四郎（1951）『音聲學』岩波書店。

出版は古いが音声学に関する基本事項が網羅されている。著者は日本語の系統などの研究で知られ，用例も多くの言語からとられている。

・服部範子 (2012)『入門　英語音声学』研究社。

　英語音声学の教科書として書かれたもので，緻密で丁寧な説明がある。本書で触れていない韻脚について，歩行のリズムをもとに説明されていてわかりやすい。

・Cruttenden, Alan (2008) *Gimson's Pronunciation of English*, Seventh Edition. London: Hodder Education.

　Daniel Jones から A. C. Gimson の流れを受けつぐ，英語音声学の本である。特に連続した発音に関しての説明がくわしい。教育者の観点や，方言に関する内容も取り入れられている。

・西原哲雄・那須川訓也（編）(2005)『音韻理論ハンドブック』英宝社。

　20 世紀後半の音韻理論についてそれぞれの問題点も含め簡潔に説明されている。SPE から，最適性理論の流れを理解するためには必読である。

・Dresher, B. Elan and Harry van der Hulst (eds.) (2022) *The Oxford History of Phonology*. Oxford: Oxford University Press.

　インド・東アジア・ギリシャ等の古典的音韻論から文字についての説明がはいっている。さらに，SPE 以降の言語理論に加え，コーパスや進化の観点からの論文まで収録されている。

・本名信行 (2003)『世界の英語を歩く』集英社。

　アジアの英語やインドの英語など，アメリカ英語やイギリス英語以外の多様な英語がつかわれている現状について，わかりやすくまとめられている。

第3章

・大石強（1988）『形態論』開拓社。

　用例が豊富であり，形態論全体を概観するのに適している良書である。初級者から上級者にかけて，幅広い読者層が対象である。

・影山太郎（1993）『文法と語形成』ひつじ書房。

　日本語の用例が豊富で，様々な語形成に関わる理論が紹介されており，最後には著者が提唱する「モジュール形態論」の枠組みが紹介されている。中級者から上級者向きである。

・大石強・西原哲雄・豊島庸二（2005）『現代形態論の潮流』くろしお出版。

　形態論における，さまざまな観点からの当時の最新論文が13編収められており，日本での形態論研究の知見を知ることのできる論文集である。中級者から上級者向きである。

・西原哲雄（編）（2021）『形態論と言語学諸分野とのインターフェイス』開拓社。

　形態論を中心とした観点から，他の言語学分野とのインターフェイスの関係性に焦点をあてた論文集件概説書である。初級者から上級者向きである。

第4章

・松本曜（編）（2003）『認知意味論』（シリーズ認知言語学入門）大修館書店。

　意味論の分野の中でも認知言語学的な見地から見た意味論の様々なトピックについて，詳細に解説されている。本書で扱いきれていない論点も多く議論されており，さらに知見を深めたい人に最適である。

・早瀬尚子（編）（2018）『言語の認知とコミュニケーション――

意味論・語用論，認知言語学，社会言語学』開拓社。

2020 年時点での表題の領域を幅広くカバーし概観したコンパクトな入門書及び発展書になっている。

第 5 章

・滝浦真人（2008）『ポライトネス入門』研究社。

ブラウン & レヴィンソンによるポライトネス理論を中心とした解説と，著者による「距離」概念に基づく新たな見解も加えた，社会言語学的な入門概説書。

・小山哲春・甲田直美・山本雅子（2016）『認知語用論』くろしお出版。

伝統的な Grice 派の解説から認知言語学的発想による語用論分野の概説や談話・テクスト分析の事例紹介などが示されており，言語学的側面からの射程の広さを見渡すことができる。

・早瀬尚子（編）（2018）『言語の認知とコミュニケーション――意味論・語用論，認知言語学，社会言語学』開拓社。

2020 年時点での表題の領域を幅広くカバーし概観したコンパクトな入門書及び発展書。最近の語用論分野での特に関連性理論の発展や社会言語学関連のトピックの理解を深めることができる。

・加藤重広・滝浦正人（編）（2016）『語用論研究法ガイドブック』ひつじ書房。

語用論分野の様々な研究内容について，本書で扱ったよりも広範囲に幅広く取り扱っている一冊である。

参 考 文 献

Allen, Margaret (1978) *Morphological Investigations*, Doctoral dissertation, University of Connecticut.

安藤貞雄 (1983)『英語教師の文法研究』大修館書店，東京.

安藤貞雄 (2008)『英語の文型』開拓社，東京.

荒木一雄 (編) (1997)『新英文法用例辞典』研究社，東京.

荒木一雄・安井稔 (編) (1992)『現代英文法辞典』三省堂，東京.

Aronoff, Mark (1976) *Word Formation in Generative Grammar*, MIT, Cambridge, MA.

Austin, J. L. (1962/75²) *How to Do Things with Words*, Harvard University Press, Cambridge MA. [坂本百大 (訳) (1978)『言語と行為』大修館書店，東京.]

Bally, Charles and Albert Sechehaye, eds., trans. Wade Baskin (1966) *Course in General Linguistics Ferdinand de Saussure*, McGraw-Hill, New York.

Birner, B. J. (2013) *Introduction to Pragmatics*, Wiley-Blackwell, Malden, MA.

Blakemore, D. (1992) *Understanding Utterances*, Blackwell, Oxford.

Bloomfield, Leonard (1933) *Language*, Holt Rinehart & Winston, New York.

Booij, Geert. E and Jerzy Rubach (1984) "Morphological and Prosodic Domains in Lexical Phonology," *Phonology Yearbook* 1, 1–27.

Booij, Geert. E. (2012) *The Grammar of Words*, 3rd ed., Oxford University Press, Oxford.

Borowsky, Toni (1986) *Topics in English and Lexical Phonology*, Doctoral dissertation, University of Massachusetts.

Bruzio, Liugi (1994) *Principles of English Stress*, Cambridge University Press, Cambridge.

Bush, Nathan (2001) "Frequency Effects and Word-Boundary Palatalization in English," *Frequency and the Emergence of Linguistic*

Structure, ed. by Joan Bybee and Paul Hopper, 255-280, John Benjamins, Amsterdam.

Chomsky, Noam (1957) *Syntactic Structures*, Mouton, The Hague.

Chomsky, Noam (1965) *Aspects of the Theory of Syntax*, MIT Press, Cambridge, MA.

Chomsky, Noam (1970) "Remarks of Nominalization," *Readings in English Transformational Grammar*, ed. by R. A. Jacobs and P. S. Rosembaum, 184-221, Ginn and Company, Waltham, MA.

Chomsky, Noam and Morris Halle (1968) *The Sound Pattern of English*, Harper & Row, New York.

Cilicover, Peter (1991) "Topicalization, Inversion, and Complementizers in English," ms., Ohio State University.

Croft, W. (2009) "Connecting Frames and Constructions: A Case Study of *Eat* and *Feed*," *Constructions and Frames* 1, 7-23.

Croft, W. and A. D. Cruse (2004) *Cognitive Linguistics*, Cambridge University Press, Cambridge.

Cruse, A. D. (2002) *Meaning in Language: An Introduction to Semantics and Pragmatics*, Oxford University Press, Oxford. [片岡宏仁 (訳) (2012)『言語における意味 ── 意味論と語用論』東京電機大学出版局，東京.]

Cruttenden, Alan (2008) *Gimson's Pronunciation of English*, 7th ed., Hodder Education, London.

Crystal, David (1987, 2010³) *The Cambridge Encyclopedia of Language*, Cambridge University Press, Cambridge.

Dresher, B. Elan and Harry van der Hulst, eds. (2022) *The Oxford History of Phonology*, Oxford University Press, Oxford.

Du Bois, J. W. (2014) "Towards a Dialogic Syntax," *Cognitive Linguistics* 25(3), 359-410.

Fillmore, C. J. (1982) *Frame Semantics, Linguistics in the Morning Calm*, 111-138, Hanshin Publishing, Seoul.

Fillmore, C. J. (1997) *Lectures on Deixis*, CSLI Publications, Stanford.

Firbas, J. (1964) "On Defining the Theme in Functional Sentence Analysis," *Travaux Linguistiques de Prague*, 267-280.

Fischer-Jørgensen (1975) *Trends in Phonological Theory*, Aklademisk

Forlag, Copenhgen.

Fraser, B. (1990) "An Approach to Discourse Markers," *Journal of Pragmatics* 14, 383-395.

Fudge, Erik C., ed. (1973) *Phonology*, Penguin Books, Middle Essex.

Givón, T. (1983) "Topic Continuity in Discourse: An Introduction," *Topic Continuity in Discourse: A Quantitative Cross-Language Study,* ed. by T. Givón, 3-41, Betty Benjamins, Amsterdam.

Goldberg, A. (1995) *Constructions: A Construction Grammar Approach to Argument Structure*, University of Chicago Press, Chicago. [河上誓作・谷口一美・早瀬尚子・堀田優子（訳）(2001)『構文文法論——英語構文への認知的アプローチ』研究社, 東京.]

Grice, Paul H. (1989) *Studies in the Ways of Words*, Harvard University Press, Cambridge, MA. [清塚邦彦（訳）(1989)『論理と会話』勁草書房, 東京.]

Haiman, J. (1980) "Dictionaries and Encyclopedias," *Lingua* 50(4), 329-357.

Halliday, M.A.K. (2001) *An Introduction to Functional Grammar*, Arnold. [第2版の訳：筧壽雄・山口登（訳）『機能主義概論』くろしお出版, 東京.]

Halliday, M.A.K. and R. Hasan (1985) *Language, Context and Text: Aspects of Language in a Social-Semiotic Perspective*, Deakin University Press, Victoria. [筧壽雄（訳）(1991)『機能文法のすすめ』大修館書店, 東京.]

Hammond, Michael (1999) "Lexical Frequency and Rhythm," *Functionalism and Formalism in Linguistics,* ed. by Michael Darnell, Edith A. Moravcsik, Micheal Noonan, Frederick J. Newmeyer and Kathleen Wheatley, 329-358, John Benjamins, Amsterdam.

原口庄輔・中村捷・金子義明（編）(2016)『増補版チョムスキー理論辞典』研究社, 東京.

服部範子 (2012)『入門 英語音声学』研究社, 東京.

服部四郎 (1951)『音聲學』岩波書店, 東京.

早瀬尚子 (2009)「懸垂分詞構文を動機づける内の視点」『「内」と「外」の言語学』, 坪本篤朗・早瀬尚子・和田尚明（編）, 55-97, 開拓社, 東京.

160

早瀬尚子（2017）「多義語の分析 II――認知意味論的アプローチ」『語は なぜ多義になるのか――コンテキストの作用を考える』，中野弘三（編 著），80-105，朝倉書店，東京.

早瀬尚子（2018）「名詞の認知意味論」『認知文法論 I』，西村義樹（編），25-87，大修館書店，東京.

早瀬尚子（編）（2018）『言語の認知とコミュニケーション――意味論・語 用論，認知言語学，社会言語学』開拓社，東京.

Hayes, Bruce (1984) "The Phonology of Rhythm in English," *Linguistic Inquiry* 15, 33-74.

Hayes, Bruce (1989) "The Prosodic Hierarchy in Meter," *Phonetics and Phonology 1*, ed. by Paul Kiparsky and Gilbert Youmans, 201-260, Academic Press, San Diego.

廣瀬浩三・松尾文子・西川眞由美（2015）『英語談話標識用法辞典――43 の基本ディスコース・マーカー』研究社，東京.

廣瀬浩三・松尾文子・西川眞由美（2022）『英語談話標識の姿』ひつじ書 房，東京.

本名信行（2003）『世界の英語を歩く』集英社，東京.

Huddleston, Rodney and Geoffrey K. Pullum (2003) *The Cambridge Grammar of the English Language*, Cambridge University Press, Cambridge.

Huddleston, Rodney, Geoffrey K. Pullum and Brett Reynolds (2022) *A Student's Introduction to English Grammar*, 2nd ed., Cambridge University Press, Cambridge.

Hyman, Larry (1975) *Phonology: Theory and Analysis*, Holt Rinehart and Winston, New York.

Ide, S. (1989) "Formal Forms and Discernment: Two Neglected Aspects of Universals of Linguistic Politeness," *Multilingua* 8, 223-248.

池上嘉彦（1980）『「する」と「なる」の言語学――言語と文化のタイポロ ジーへの試論』大修館書店，東京.

池上嘉彦（2011）「日本語と主観性・主体性」『主観性と主体性』，澤田治 美（編），49-67，ひつじ書房，東京.

International Phonetic Association (2010) *Handbook of the International Phonetic Association*, Cambridge University Press, Cambridge.

Irwin, Mark (2011) *Loanwords in Japanese*, John Benjamins, Amsterdam.

Jackendoff, Ray (1977) *X' Syntax*, MIT Press, Cambridge, MA.

Kaisse, Ellen (1985) *Connected Speech: The Interaction of Syntax and Phonology*, Academic Press, Orland.

Kaisse, Ellen. (1990) "Toward a Typology of Postlexical Rules," *The Phonology-Syntax Connection,* ed. by Sharon Inkelas and Draga Zec, 127-143, University of Chicago Press, Chicago.

加藤重広 (2004)『日本語語用論のしくみ』研究社，東京.

加藤重広・滝浦正人（編）(2016)『語用論研究法ガイドブック』ひつじ書房，東京.

加藤重広・澤田淳（編）(2020)『はじめての語用論』研究社，東京.

河上誓作（編）(1996)『認知言語学の基礎』研究社，東京.

Kean, Mary Louise (1977) "The Linguistic Interpretation of Aphasic Syndromes," *Cognition* 5, 9-46.

キーン，デニス・松浪有『英文法の問題点』研究社，東京.

Kiparsky, Paul (1982) "Lexical Morphology and Phonology," *Linguistics in the Morning Calm*, ed. by I-S. Yang, 3-91, Hanshin, Seoul.

Kiparsky, Paul (1983) "Word-Formation and the Lexicon," *Proceedings of the Mid America Linguistics Conference*, ed. by F. Ingemann, 3-29, University of Kansas.

Kiparsky, Paul (1985) "Some Consequences of Lexical Phonology," *Phonology Yearbook* 2, 85-138.

小山哲春・甲田直美・山本雅子 (2016)『認知語用論』くろしお出版，東京.

窪薗晴夫 (1995)『語形成と音韻構造』くろしお出版，東京.

Labov, William (1972) *Sociolinguistic Patterns*, University of Pennsylvania Press, Philadelphia.

Ladefoged, Peter (1975) *A Course in Phonetics*, Harcourt Brace Jovanovich, New York.

Ladefoged, Peter (2001) *Vowels and Consonants: An Introduction to the Sound of Language*, Blackwell, Oxford.

Ladefoged, Peter and Ian Maddieson (1996) *The Sounds of the Worlds*

Languages, Blackwell, Malden.

Lakoff, G. (1987) *Women, Fire and Dangerous Things: What Categories Reveal about the Mind*, University of Chicago Press, Chicago. [池上嘉彦・河上誓作・辻幸夫・西村義樹・坪井栄治郎・梅原大輔・大森文子・岡田禎之（訳）(1993)『認知意味論——言語から見た人間の心』紀伊国屋書店，東京.]

Lakoff, G. and M. Johnson (1980) *Metaphors We Live By*, University of Chicago Press, Chicago. [渡部昇一・楠瀬淳三・下谷和幸（訳）(1986)『レトリックと人生』大修館書店，東京.]

Langacker, R. W (1987) *Foundations of Cognitive Grammar*, Vol. 1, Stanford University Press, Stanford.

Langacker, R. W (1990) "Subjectification," *Cognitive Linguistics* 1(1), 5-38.

Langacker, R. W. (2008) *Cognitive Grammar: A Basic Introduction*, Oxford University Press, Oxford. [山梨正明（監訳），碓井智子・大谷直輝・木原恵美子・児玉一弘・中野研一郎・深田智・安原和也（訳）(2011)『認知文法論序説』研究社，東京.]

Lyons, J. (1962) "Phonemic and Non-phonemic Phonology," *Phonology: Selected Readings*, ed. by Eric C. Fudge, 1973, 190-199, Penguin, Harmondsworth.

松井千枝 (2007²)『英語音声学』朝日出版社，東京.

Matsumoto, Y. (1988) "Reexamination of the Universality of Face: Politeness Phenomena in Japanese," *Journals of Pragmatics* 12, 403-426.

松本曜（編）(2003)『認知意味論』（シリーズ認知言語学入門）大修館書店，東京.

May, Robert (1977) *The Grammar of Quantification*, Doctoral dissertation, MIT.

May, Robert (1985) *Logical Form*, MIT Press, Cambridge, MA.

McMahon, April (1992) "Lexical Phonology and Diachrony," *History of Englishes*, ed. by Matti Rissanen et al., 167-190, Mouton de Gruyter, Berlin.

Mohanan, Karuvannur P. (1982) *Lexical Phonology*, Doctoral dissertation, MIT.

Mohanan, Karuvannur P. (1986) *The Theory of Lexical Phonology*, Ridel, Dordrecht.

中村浩一郎・西原哲雄 (2023)『ブックレット統語論・文法論』開拓社, 東京.

中野弘三・服部義弘・小野隆啓・西原哲雄 (監修) (2015)『最新英語学・言語学用語辞典』開拓社, 東京.

Nespor, Marina and Irene Vogel (1986) *Prosodic Phonology*, Foris, Dordrecht.

Nespor, Marina and Irene Vogel (2007) *Prosodic Phonology*, De Gruyter, Berlin.

西原哲雄 (1994a)「語構造のパラドックスと音律構造――経済性の原理との係わり――」『甲南英文学』第9号, 44-60.

西原哲雄 (1994b)「複合語の屈折と慣用化」『ことばの音と形』, 230-238, こびあん書房, 東京.

西原哲雄 (2013)『文法とは何か』開拓社, 東京.

西原哲雄・那須川訓也 (編) (2005)『音韻理論ハンドブック』英宝社, 東京.

Otsu, Yukio (1980) "Some Aspects of Rendaku in Japanese and Related Problems," *MIT Working Papers in Linguistics* 2, 207-228.

Philip Babcock Gove and the Merriam-Webster editorial staff, eds. (1986) *Webster's Third New International Dictionary of the English Language, unabridged*, Merriam Webster, Springfield, MA.

Prince, Alan and Paul Smolensky (2004) *Optimality Theory: Constraint Interaction in Generative Grammar*, Blackwell, Malden, MA.［深澤はるか (訳) (2008)『最適性理論』岩波書店, 東京.］

Progovac, Ljiljana (1994) *Negative and Positive Polarity*, Cambridge University Press, Cambridge.

Radford, Andrew (1981) *Transformational Syntax*, Cambridge University Press, Cambridge.

Radford, Andrew (1988) *Transformational Grammar*, Cambridge University Press, Cambridge.

Sainz, S. (1992) *A Noncyclic Approach to the Lexical Phonology of English*, Doctoral dissertation, Cornell University.

Sapir, Edward (1949) *Selected Writings of Edward Sapir in Language,*

Culture, and Personality, University of California Press, Oakland, CA.

Scalise, Sergio (1986) *Generative Morphology*, Foris, Dordrecht.

Scheer, Tobias (2011) *A Guide to MorphoSyntax-Phonology Interface Theories*, Mouton de Gruyter, Berlin.

Schiffrin, D. (1987) *Discourse Markers*, Cambridge University Press, Cambridge.

Searle, J, R. (1969) *Speech Acts: An Essay in the Philosophy of Language*, Cambridge University Press, Cambridge. [坂本百大・土屋俊 (訳) (1986)『言語行為：言語哲学への試論』勁草書房, 東京.]

Selkirk, Elizabeth (1982) *The Syntax of Words*, MIT Press, Cambridge, MA.

Selkirk, Elizabeth (1984) *Phonology and Syntax*, MIT Press, Cambridge, MA.

庄司博史 (編) (2022)『世界の公用語事典』丸善出版, 東京.

Siegel, Dorothy (1974) *Topics in English Morphology*, Doctoral dissertation, MIT. [Reproduced by Garland, New York, 1979.]

Sperber D. and D. Wilson (1986/1995²) *Relevance: Communication and Cognition*, Blackwell, Oxford. [内田聖二・中逵俊明・宋南先・田中圭子 (訳) (1999)『関連性理論』研究社, 東京.]

鈴木孝夫 (1973)『ことばと文化』岩波書店, 東京.

Szpyra, Jolanta (1989) *The Phonology-Morphology Interface,* Routledge, London.

滝浦真人 (2008)『ポライトネス入門』研究社, 東京.

Talmy, L. (2000) *Toward a Cognitive Semantics*, MIT Press, Cambridge, MA.

田中春美 (編) (1987)『現代言語学辞典』成美堂, 東京.

田中真一・窪薗晴夫 (1999)『日本語の発音教室』くろしお出版, 東京.

Taylor, John (1989/2005) *Linguistic Categorization*, Oxford Clarendon Press, Oxford. [辻幸夫 (訳) (1996)『認知言語学のための14章』紀伊國屋書店, 東京.]

Tyler, A. and V. Evans (2003) *The Semantics of Prepositions: Spatial Scenes, Embodied Meaning, and Cognition*, Cambridge University Press, Cambridge. [国広哲也 (監訳), 木村哲也 (訳) (2005)『英語

　　前置詞の意味論』研究社，東京.］

内田聖二 (2011)『関連性理論から見た語法とテクスト』研究社，東京.

Weinreich, Uriel (1953) *Languages in Contact: Findings and Problems*, Mouton Publishers, The Plague.

Wilson, D. and D. Sperber (2012) *Meaning and Relevance*, Cambridge University Press, Cambridge.

Yule, G. (1996) *Pragmatics*, Oxford University Press, Oxford.

索　引

1. 日本語は五十音順に並べ，英語（で始まるもの）は ABC 順で最後に一括してある。
2. 数字はページ数字を示し，n は脚注を表す。

[あ行]

あいまい母音（schwa）　39, 40
アクセント（accent）　40, 46
移動規則（Move α）　16
意味カテゴリー（semantic category）　107
内の視点　122, 123
英語の 5 文型　2
英語の口蓋化　84-86
英語のリズムルール　82-84
衛星枠づけ言語（satellite-framed language）　123-125
エコー（echo）　145, 146
音韻語（phonological word）　88-90
音声学（phonetics）　30, 31, 42, 44, 47, 49, 53

[か行]

下位語（hyponym）　102
外心複合語（exocentric compound）　64

階層構造（hierarchical structure）　4
会話の格率（conversational maxims）　139
会話の推意（conversational implicature）　139
含意（entailment）　103
間接発話行為（indirect speech act）　137
簡略表記（broad transcription）　36
関連性理論（Relevance Theory）　144
記述的使用（descriptive use）　145
帰属的使用（attributive use）　145
機能負荷　52, 53
基本レベル（basic level）　103
旧情報（old information）　47, 132
強制　105
強勢（stress）　46
協調の原理（cooperative principle）　138

共鳴・響鳴 (resonance)　149
局所性 (locality)　23
極性句 (Polarity Phrase, PolP)　21
虚構表現　128, 129
空間ダイクシス　129-131
屈折形態論 (inflectional morphology)　60
経済の法則　52, 53
形態素 (morpheme)　62
結束性 (cohesion)　133
語彙化 (lexicalization)　76
語彙音韻論　71, 72
語彙目録 (lexicon)　16
合成語 (complex word)　62
呼吸　31, 34
国際音声記号 (IPA)　36, 45
五十音図　44

[さ行]

最適性理論　57
子音 (consonant)　32, 33, 35, 36, 39, 41, 43-45, 47, 53, 57
時間ダイクシス　131, 132
指定部 (specifier, Spec)　7
シネクドキ (synecdoche)　113, 114
社会語用論 (socio-pragmatics)　148
修飾句 (modifier)　2
主語・助動詞倒置 (Subject-Aux Inversion)　21
主語繰り上げ (subject raising)　17
主題 (theme, topic)　47, 133
主体化 (subjectification)　114-116
首尾一貫性 (coherence)　134
主要部 (head)　5
主要部移動制約 (Head Movement Constraint)　19, 24
主要部前置言語 (head initial language)　13
主要部後置言語 (head final language)　13
順序付けのパラドックス (ordering paradoxes)　78, 79
上位語 (hypernym)　102
情報パッケージ構文 (information-packaging construction)　134
新情報 (new information)　47, 132
推意 (implicature)　144
数量詞繰り上げ (Quantifier Raising, QR)　22
生成文法 (Generative Grammar)　2, 56
声帯　31-35, 44
声調 (tone)　46
相互的反義　102
束縛理論 (Binding Theory)　26, 27
素性 (feature)　17, 53, 57
外の視点　122, 123
反り舌　39, 43

[た行]

ダイクシス (deixis) 127

題述 (rheme) 133

高さ (pitch, 舌) 33, 37, 46, 48

多義 (polysemy) 108

脱落 (elision) 45, 53

他動性 (transitivity) 121, 122

弾音 42, 43

弾音化 (flapping) 45, 86, 87

単義 (monosemy) 108

談話標識 (discourse marker) 148

中間投射 (X′) 10

長短 38–41

陳述 (comment) 133

提示文 (presentational sentence) 135

適切性条件 (felicity conditions) 137

手続き的意味 (procedural meaning) 147, 148

同化 (assimilation) 45, 53, 57

同義表現 (synonym) 99

動詞の代用形 (do so) 10

動詞枠づけ言語 (verb-framed language) 123–125

[な行]

内心複合語 (endocentric compound) 64

認可する (license) 3, 5

ネガティブフェイス (negative face) 150

[は行]

張り (tense) 37, 38, 40

派生 (derivation) 60, 61, 63

派生語 (derivative word) 62, 63

発語行為 (speech act) 136n

発声器官 31, 32

発話行為 (speech act) 136

発話の力 (illocutionary force) 137

反義語 (antonym) 100

反対 (contrary) 101

半母音 (semi-vowel) 32, 43, 44, 47

鼻音同化 (nasal assimilation) 77

否定極性表現 (Negative Polarity Item, NPI) 25

否定辞前置 (Negative Inversion) 21

百科事典的知識 106, 116, 117

表意 (explicature) 144

フェイスを冒す行動 (face-threatening act, FTA) 150

フォルマント (formant) 48

付加詞 (adjunct) 2

付加部 (adjunct) 7

複合 (compounding) 60, 63

フレーム (frame) 106, 117–120

プロトタイプ (prototype) 107

母音 (vowel) 32, 36–41, 44, 45, 47, 48, 51, 53, 54, 58

包摂性 (hyponymy)　102
ポジティブフェイス (positive
　face)　150
補部 (complement)　3, 5
補文標識 (complementizer)　14
ポライトネス (politeness)　149

[ま行]

矛盾 (contradictory)　100
無声音　33, 41, 43-45
無標 (unmarked)　52, 53, 101
明意 (explicature)　144
メタファー (metaphor)　109, 110
メトニミー (metonymy)　110-
　113

[や行]

役割語　128
有声音　33, 35, 41, 43, 44
有標 (marked)　52, 53, 101

余剰性 (redundancy)　44n
呼びかけ語 (vocative)　128

[ら行]

ラポールトーク (rapport talk)
　148
リポート (report)　145, 146
流音 (liquid)　32, 43
レキシコン (lexicon)　61, 64
レポートトーク (report talk)
　148
連濁 (Rendaku)　93-95

[英語]

Complementizer Phrase (CP)　14
D-構造 (Deep Structure)　16
Inflectional Phrase (IP)　12
S-構造 (Surface Structure)　16
So 前置 (So Inversion)　21
X′ 理論 (X-bar Theory)　5

【著者紹介】

西原 哲雄（にしはら　てつお）

　1961 年生まれ。追手門学院大学国際学部教授。専門分野は，音声学，音韻論，形態論など。主要業績：*Voicing in Japanese*（共著・共編，Mouton de Gruyter, 2005），*Lingua: Morphological Variation in Japanese*（共著・共編，Elsevier, 2010），『言語学入門』（朝倉日英対照言語学シリーズ，共著・編集，朝倉書店，2012），『形態論と言語諸分野とのインターフェース』（編集，共著，開拓社，2021），『ブックレット統語論・文法論概説』（共著，開拓社，2023）など。

中村 浩一郎（なかむら　こういちろう）

　兵庫教育大学大学院学校教育研究科教授。専門は理論言語学，統語論，カートグラフィー。主要業績："Types and Functions of *Wa*-marked Phrases and their Structural Distributions"（*Information Structural Perspectives of Discourse Particles*, ed. by Pierre-Yves Modicom and Olivier Duplâtre, John Benjamins 2020），"Another Argument for the Differences among *Wa*-marked Phrases"（*Current Issues in Syntactic Cartography: A Crosslinguistic Perspective,* ed. by Fuzhen Si and Luigi Rizzi, John Benjamins, 2021），"Arguments against the Rigid Word Order and Occurrence Restrictions among Topic Elements: Evidence from Japanese, Hungarian, and English"（*Word Order Matters: Current Issues in Syntax and Morpho-Syntax,* ed. by Przemysław Tajsner and Jacek Witkos, Peter Lang, 2022）など。

松沢 絵里（まつざわ　えり）

　大阪芸術大学教授。専門分野は，英語音韻史，標準語発達史。主要業績：「オーディオ機器と英語学習 ―― 大阪芸術大学短期大学部 LL 準備室の資料から」（『大阪芸術大学短期大学部紀要』，2017），「r 音について」（西原哲雄・田中真一・早瀬尚子・小野隆啓（編）『現代言語理論の最前線』開拓社，2017），"The World of *Kyng Alisaunder*: A Comparison with the Hereford Mappa Mundi"（大野英志・水野和穂・今林修（編）*The Pleasure of English Language and Literature: A Festschrift for Akiyuki Jimura*，渓水社，2018）など。

早瀬 尚子（はやせ　なおこ）

　大阪大学大学院人文学研究科教授。専門分野は，認知言語学。主要業績：「懸垂分詞構文を動機づける「内」の視点」（坪本篤朗・早瀬尚子・和田尚明（編）『「内」と「外」の言語学』開拓社，2009），"The Motivation for Using English Suspended Dangling Participles: A Usage-Based Development of (Inter)Subjectivity"（*Usage-Based Approaches to Language Change*, John Benjamins, 2014），『認知文法と構文文法』（共著，開拓社，2020）など。

ブックレット英語学概説

2024 年 1 月 16 日　第 1 版第 1 刷発行

著作者　　西原哲雄・中村浩一郎・松沢絵里・早瀬尚子
発行者　　武村哲司
印刷所　　日之出印刷株式会社

発行所　　株式会社　開 拓 社

〒112-0013 東京都文京区音羽1-22-16
電話　（03）5395-7101（代表）
振替　00160-8-39587
http://www.kaitakusha.co.jp